IKIGAI: Scopri la Tua Ragione di Vita con la Filosofia Giapponese

Strategie efficaci per trovare il tuo scopo e vivere una vita appagante

Yuki Akari

Sommario

INTRODUZIONE

Benvenuto nel viaggio alla scoperta del tuo Ikigai, la tua ragione di vita, il tuo scopo profondo. Questo libro ti accompagnerà in un'esplorazione personalizzata, alla ricerca di ciò che ti rende unico e di ciò che può dare senso e pienezza alla tua esistenza.

L'Ikigai è un concetto giapponese antico che racchiude la filosofia di una vita vissuta con passione, significato e realizzazione. Non si tratta di una destinazione finale, ma di un percorso continuo di crescita e scoperta di sé.

In questo libro, ti guiderò attraverso le tre aree fondamentali che compongono l'Ikigai:

- Missione
- Vocazione
- Professione

Insieme, esploreremo come questi elementi si intersecano e come puoi identificarli nella tua vita.

Parte 1: Che cos'è l'Ikigai e perché è importante?

In questa prima parte, approfondiremo il significato dell'Ikigai e scopriremo i benefici che può apportare alla tua vita. Imparerai come l'Ikigai può aumentare la tua felicità, il tuo successo e la tua longevità.

Parte 2: Trovare il tuo Ikigai: un viaggio di auto-esplorazione

Nella seconda parte, ti forniremo gli strumenti e le strategie per intraprendere il tuo viaggio verso l'Ikigai. Attraverso esercizi pratici, riflessioni e attività, potrai esplorare i tuoi valori, le tue passioni e i tuoi talenti per scoprire il tuo scopo unico.

Parte 3: Vivere una vita più Ikigai: incorporare il tuo scopo nella quotidianità

Nell'ultima parte, ti guideremo nell'integrare l'Ikigai nella tua vita quotidiana. Imparerai come creare un ambiente favorevole al tuo scopo, come trovare equilibrio tra lavoro e vita privata e come coltivare la gratitudine e la consapevolezza.

Come leggere e interpretare questo libro:

Questo libro è un invito a un viaggio personale e individuale. Non esiste un'unica formula per trovare l'Ikigai, ma il percorso che ti proponiamo ti guiderà verso la scoperta di ciò che è più importante per te.

Ti invitiamo a leggere questo libro con mente aperta e curiosa, a riflettere profondamente su ogni capitolo e a mettere in pratica gli esercizi proposti. Ascolta la tua voce interiore, segui la tua intuizione e non aver paura di sperimentare.

Ricorda che l'Ikigai è un viaggio, non una destinazione. Goditi il processo di scoperta e celebra ogni passo che compi lungo la strada.

Inizia il tuo viaggio verso l'Ikigai e scopri la vita appagante e significativa che ti aspetta!

Capitolo 1: Alla scoperta dell'Ikigai

Che cose l'IKIGAI?

L'Ikigai è un concetto giapponese che può essere tradotto come "ragione di vita". È l'idea che ognuno di noi ha una ragione per alzarsi la mattina, un motivo che rende la vita degna di essere vissuta. Immagina di avere una scintilla interna che ti guida e ti motiva, che dà senso alle tue giornate e ti aiuta a superare le difficoltà: questo è l'Ikigai.

Il termine Ikigai è composto da due parole giapponesi: "iki", che significa vita, e "gai", che può essere tradotto come valore o scopo. Insieme, queste parole rappresentano ciò che dà valore alla tua vita, il motivo per cui esisti. L'Ikigai non è solo un obiettivo da raggiungere, ma un viaggio continuo di scoperta e crescita personale.

L'origine dell'Ikigai affonda le radici nella cultura giapponese, influenzata profondamente dal concetto di armonia e equilibrio presente nel buddismo e nello shintoismo. La ricerca dell'Ikigai è vista come una parte naturale dell'esistenza, un processo che coinvolge la mente, il corpo e lo spirito. In Giappone, il perseguimento dell'Ikigai è considerato essenziale per una vita lunga e appagante, ed è strettamente legato ai valori di comunità, resilienza e gratitudine.

Nella cultura giapponese, l'Ikigai è spesso associato all'idea di vivere in armonia con sé stessi e con il mondo circostante. Non si tratta solo di trovare un lavoro che ami, ma di scoprire una combinazione unica di passione, missione, vocazione e professione. Questa sinergia crea un senso di scopo che trascende le sfide quotidiane, permettendoti di affrontarle con un atteggiamento positivo e propositivo.

L'Ikigai non è statico; evolve con te nel corso della vita. Può cambiare in base alle tue esperienze, alle persone che incontri e alle nuove scoperte su te stesso. Questa flessibilità rende l'Ikigai un concetto estremamente personale e adattabile, che può essere applicato a qualsiasi fase della vita.

In sintesi, l'Ikigai è la tua ragione di vita, il filo conduttore che unisce le tue passioni, i tuoi talenti e ciò che il mondo ha bisogno da te. È un viaggio di scoperta che ti invita a esplorare chi sei veramente e come puoi vivere una vita piena di significato e soddisfazione. Nel prossimo punto, esploreremo i benefici dell'Ikigai e come può trasformare la tua vita in modi sorprendenti e positivi.

I benefici dell'IKIGAI

L'Ikigai non è solo un concetto filosofico, ma una forza tangibile che può avere un impatto profondamente positivo sulla tua vita. Scoprire e coltivare il proprio Ikigai può trasformare radicalmente il modo in cui vivi, portando benefici che spaziano dalla felicità alla salute, dalla longevità alla resilienza.

Immagina di svegliarti ogni mattina con un senso di scopo e direzione, sentendo che ogni giornata è un'opportunità per crescere e contribuire. Questa è la potenza dell'Ikigai: un motore interno che ti spinge a dare il meglio di te stesso. Le persone che hanno trovato il loro Ikigai spesso riportano un aumento significativo della felicità. Questo accade perché avere una ragione di vita ti permette di vedere il mondo con occhi diversi, apprezzando le piccole gioie quotidiane e affrontando le difficoltà con uno spirito positivo.

La ricerca del proprio Ikigai è strettamente collegata alla longevità. Nelle regioni del mondo dove l'Ikigai è parte integrante della cultura, come ad esempio Okinawa in Giappone, si osserva una sorprendente longevità tra gli abitanti. Gli studi hanno dimostrato che avere uno scopo chiaro nella vita può ridurre lo stress, migliorare la qualità del sonno e rafforzare il sistema immunitario. Questi effetti combinati contribuiscono a una vita più lunga e sana.

Il beneficio dell'Ikigai si estende anche alla salute mentale e fisica. Sentirsi parte di qualcosa di più grande e avere chiari obiettivi personali può ridurre i sintomi di depressione e ansia. La consapevolezza di avere uno scopo ti aiuta a mantenere la mente attiva e focalizzata, prevenendo il deterioramento cognitivo. Inoltre, le persone che vivono secondo il loro Ikigai tendono ad adottare abitudini più sane, come una dieta equilibrata e l'esercizio fisico regolare, perché sono motivate a prendersi cura di sé per poter continuare a perseguire il proprio scopo.

Uno dei doni più preziosi dell'Ikigai è l'aumento del senso di scopo e realizzazione. Quando sai qual è il tuo Ikigai, ogni azione che compi ha un significato più profondo. Questo senso di scopo ti dà la forza di superare le difficoltà e ti fa sentire realizzato anche nei momenti di sfida. La vita diventa un viaggio appagante, in cui ogni passo ti avvicina sempre di più alla realizzazione del tuo potenziale.

La resilienza è un altro grande beneficio dell'Ikigai. Sapere di avere una ragione di vita ti dà la capacità di affrontare le avversità con determinazione e ottimismo. Le sfide non sono più ostacoli insormontabili, ma opportunità per crescere e imparare. L'Ikigai ti fornisce la forza interiore per rialzarti dopo ogni caduta, mantenendo la rotta verso i tuoi obiettivi.

In conclusione, l'Ikigai può trasformare la tua esistenza in modi sorprendenti. Dalla felicità alla longevità, dalla salute mentale e fisica alla resilienza, i benefici di scoprire e vivere secondo il tuo Ikigai sono immensi. Esploreremo storie di persone che hanno trovato il loro Ikigai e come questo ha cambiato le loro vite, offrendo ispirazione e motivazione per intraprendere il tuo percorso personale.

Storie di IKIGAI

Le storie di persone che hanno trovato il loro Ikigai sono una fonte inesauribile di ispirazione e speranza. Questi racconti non solo dimostrano la potenza trasformativa dell'Ikigai, ma offrono anche una guida pratica su come possiamo scoprire e coltivare il nostro.

Prendiamo, ad esempio, la storia di Ken Mogi, un neuroscienziato giapponese che ha dedicato la sua vita a studiare la mente umana. Per molti anni, Ken si è sentito perso, non riuscendo a trovare un senso profondo nel suo lavoro. Tuttavia, dopo aver scoperto il concetto di Ikigai, ha iniziato a esplorare come la sua passione per la scienza potesse contribuire al benessere delle persone. Questa consapevolezza ha trasformato la sua carriera, portandolo a scrivere libri sull'argomento e a condividere la sua conoscenza con un pubblico più ampio. Ken ha trovato il suo Ikigai nell'educare gli altri e nel diffondere la conoscenza scientifica, e questo ha dato un nuovo significato e scopo alla sua vita.

Un altro esempio straordinario è quello di Marie Kondo, la celebre organizzatrice e autrice del bestseller "Il magico potere del riordino". Marie ha scoperto il suo Ikigai nel desiderio di aiutare le persone a vivere in ambienti più ordinati e sereni. Questa passione per l'organizzazione si è trasformata in una carriera di successo, che ha toccato milioni di vite in tutto il mondo. Grazie all'Ikigai, Marie ha trovato una missione che non solo la realizza personalmente, ma che apporta un valore immenso alla società, rendendo le case delle persone più ordinate e le loro vite più tranquille.

Poi c'è la storia di Hidekichi Miyazaki, conosciuto come "Golden Bolt". Miyazaki ha scoperto il suo Ikigai nella corsa, ma non una corsa qualsiasi: ha iniziato a correre seriamente dopo i 90 anni. La sua dedizione e passione per questo sport lo hanno portato a stabilire record mondiali nella sua categoria di età, diventando un'ispirazione vivente per milioni di persone. L'Ikigai di Miyazaki è stato il motore che gli ha permesso di rimanere attivo, felice e in salute, dimostrando che non è mai troppo tardi per trovare e vivere il proprio scopo.

Un esempio diverso, ma altrettanto potente, è quello di Akiro Watanabe, un insegnante di musica in una piccola scuola rurale. Akiro ha sempre amato la musica, ma è stato solo quando ha iniziato a insegnare ai bambini che ha capito quanto profonda fosse la sua passione. Vedere i suoi studenti crescere e sviluppare le proprie abilità musicali ha dato ad Akiro un senso di realizzazione che non aveva mai provato prima. L'Ikigai di Akiro, che si manifesta nel coltivare i talenti dei giovani, ha trasformato la sua vita e quella dei suoi studenti, creando un impatto duraturo nella sua comunità.

Infine, c'è la storia di Yumi Tanaka, una donna che ha trovato il suo Ikigai nella cura degli anziani. Dopo aver passato molti anni in una carriera che non la soddisfaceva, Yumi ha deciso di seguire il suo cuore e di lavorare in un centro per anziani. Qui ha scoperto una profonda passione per prendersi cura degli altri, trovando gioia e significato nel migliorare la qualità della vita delle persone anziane. Il suo Ikigai l'ha resa più felice e realizzata, dando un nuovo scopo alla sua esistenza.

Queste storie dimostrano come l'Ikigai possa manifestarsi in modi diversi per ciascuno di noi. Che si tratti di educare, organizzare, correre, insegnare o prendersi cura degli altri, l'importante è trovare ciò che ci appassiona e che dà significato alla nostra vita. L'Ikigai ha il potere di trasformare le nostre esperienze quotidiane e di darci la forza per affrontare le sfide con un sorriso.

L'IKIGAI per te

Per iniziare questo viaggio, prenditi un momento per riflettere su ciò che ti rende davvero felice. Quali sono le attività che ti fanno perdere la cognizione del tempo? Forse è dipingere, scrivere, cucinare o fare escursioni in montagna. Qualunque cosa sia, queste passioni sono indizi importanti per scoprire il tuo Ikigai. Ricorda, non esistono risposte giuste o sbagliate; ciò che conta è ciò che risuona profondamente dentro di te.

L'Ikigai è strettamente legato alle tue esperienze personali, ai tuoi talenti e ai tuoi valori. Ognuno di noi ha una combinazione unica di abilità e interessi che ci rende speciali. Pensa alle tue competenze naturali: in cosa eccelli senza sforzo? Quali sono le cose che gli altri apprezzano di te? Questi elementi possono offrirti ulteriori spunti per identificare il tuo Ikigai.

Il tuo percorso verso l'Ikigai sarà diverso da quello di chiunque altro, e questa è la sua bellezza. Non è una corsa contro il tempo, né una competizione con gli altri. È un viaggio personale e continuo, che si evolve con te e con le tue circostanze di vita. Non importa dove ti trovi adesso, ogni passo verso la scoperta del tuo Ikigai è un passo verso una vita più appagante.

È importante anche riconoscere che l'Ikigai può cambiare nel corso del tempo. Ciò che ti appassiona oggi potrebbe evolversi domani, e va bene così. L'essenziale è mantenere una mente aperta e curiosa, pronta ad esplorare nuove possibilità e a crescere continuamente.

Per aiutarti in questo viaggio, potresti considerare di tenere un diario dove annotare i tuoi pensieri e le tue riflessioni. Scrivere ciò che ti ispira, le tue esperienze quotidiane e le tue aspirazioni può aiutarti a chiarire il tuo Ikigai. Col tempo, potresti iniziare a vedere schemi e connessioni che ti avvicinano alla tua ragione di vita.

Infine, ricorda che non sei solo in questo viaggio. Condividere le tue esperienze e le tue scoperte con amici, familiari o una comunità di persone che condividono gli stessi interessi può essere incredibilmente arricchente. Ascoltare le storie degli altri può offrire nuove prospettive e ispirazione, aiutandoti a vedere il tuo Ikigai da angolazioni diverse.

L'Ikigai è alla portata di tutti, inclusi te. Ogni passo che compi verso la scoperta del tuo Ikigai ti porta più vicino a una vita piena di significato, gioia e realizzazione. E' ora di iniziare il tuo viaggio, esplora ciò che ti rende unico e permetti al tuo Ikigai di guidarti verso un'esistenza straordinaria. Nel prossimo capitolo, approfondiremo i quattro pilastri dell'Ikigai, che ti aiuteranno a definire ulteriormente la tua ragione di vita e a integrarla nel tuo quotidiano.

Capitolo 2: I quattro pilastri dell'Ikigai

Passione

La passione è il fuoco che alimenta l'Ikigai, la scintilla che illumina il nostro percorso e rende la vita entusiasmante. Ma come possiamo identificare le attività, gli hobby e le aree di interesse che suscitano questa passione in noi? E come possiamo coltivare queste passioni per integrarle nella nostra vita quotidiana?

Inizia col chiederti: quali sono le attività che ti fanno sentire vivo? Pensa ai momenti in cui ti perdi completamente in ciò che stai facendo, quando il tempo sembra volare. Può essere qualsiasi cosa: dipingere, suonare uno strumento, cucinare, leggere, fare sport, giardinaggio o scrivere. Questi momenti di puro coinvolgimento sono segnali importanti delle tue passioni.

Esplora le connessioni tra le tue passioni, i tuoi talenti e i tuoi valori personali. Le passioni non sono mai isolate; spesso riflettono ciò che è veramente importante per te. Ad esempio, se ami scrivere storie, potrebbe essere perché valorizzi la creatività e la comunicazione. Se ti piace cucinare per gli amici e la famiglia, potrebbe indicare un forte senso di comunità e condivisione. Questi talenti e valori personali sono le fondamenta su cui costruire il tuo Ikigai.

Per aiutarti a scoprire e coltivare le tue passioni, prova alcuni esercizi pratici. Uno dei più efficaci è il "Diario delle Passioni". Prendi un quaderno e dedica ogni giorno qualche minuto a riflettere su ciò che ti ha entusiasmato di più durante la giornata. Annota le attività che ti hanno fatto sentire felice, energico e soddisfatto. Dopo qualche settimana, rileggi le tue annotazioni e cerca schemi ricorrenti. Questi schemi ti aiuteranno a identificare le tue vere passioni.

Un altro esercizio utile è il "Giorno Ideale". Immagina una giornata perfetta, dal momento in cui ti svegli al momento in cui vai a dormire. Cosa faresti? Con chi passeresti il tuo tempo? Quali attività ti renderebbero più felice? Scrivere questo scenario dettagliato ti aiuterà a visualizzare le tue passioni e a capire come integrarle meglio nella tua vita.

Puoi anche provare il "Test del Flusso". Presta attenzione a quando ti trovi in uno stato di "flusso", un momento in cui sei completamente immerso in ciò che stai facendo e perdi la cognizione del tempo. Questo stato di flusso è un indicatore chiave delle attività che suscitano vera passione in te. Prendi nota di questi momenti e cerca modi per aumentarli nella tua routine quotidiana.

Coltivare le tue passioni richiede tempo e impegno, ma i benefici sono immensi. Non solo ti sentirai più realizzato e felice, ma scoprirai anche nuovi talenti e abilità che potresti non aver mai immaginato di possedere. Integrare le tue passioni nella vita quotidiana significa dare loro spazio e importanza, anche in mezzo agli impegni e alle responsabilità.

Un modo per farlo è dedicare del tempo ogni giorno o settimana alle tue passioni. Può essere solo mezz'ora di lettura prima di dormire, un'ora di pittura nel fine settimana o una passeggiata quotidiana nella natura.

Qualunque sia la tua passione, trova il modo di renderla una parte regolare della tua vita.

In conclusione, identificare e coltivare le tue passioni è un passo fondamentale verso la scoperta del tuo Ikigai. Esplora ciò che ti entusiasma, riconosci i tuoi talenti e valori personali, e integra queste passioni nella tua vita quotidiana. In questo modo, non solo vivrai una vita più appagante e piena di significato, ma sarai anche più vicino a trovare il tuo vero scopo. Nel prossimo punto, approfondiremo come la missione può intersecarsi con le tue passioni, creando un percorso unico verso la realizzazione del tuo Ikigai.

Missione

Ogni persona desidera lasciare un segno nel mondo, contribuire a qualcosa di più grande di sé stessa. Questa ricerca di significato e impatto è il cuore della missione, uno dei pilastri fondamentali dell'Ikigai. Riflettere sul contributo che desideri dare al mondo ti avvicina a comprendere il tuo scopo più profondo e ti guida verso una vita piena di significato.

Inizia col chiederti: cosa ti appassiona davvero? Quali cause, problemi o sfide ti toccano profondamente? Potrebbe essere la protezione dell'ambiente, l'aiuto alle persone meno fortunate, l'educazione, la lotta per i diritti umani o la ricerca scientifica. Le cause che ti emozionano e ti ispirano sono indizi cruciali per scoprire la tua missione.

Pensa ai momenti in cui ti sei sentito particolarmente coinvolto e motivato. Forse hai partecipato a una manifestazione per una causa che ti sta a cuore, hai fatto volontariato in un rifugio per animali o hai aiutato qualcuno a superare una difficoltà. Questi momenti di impegno e connessione con il mondo sono preziosi indicatori della tua missione.

Le tue passioni giocano un ruolo chiave nella definizione della tua missione. Immagina come le attività che ami possano essere utilizzate per fare la differenza. Se la tua passione è la scrittura, potresti usarla per sensibilizzare l'opinione pubblica su temi importanti. Se ami cucinare, potresti organizzare eventi culinari per raccogliere fondi per una causa benefica. Le tue passioni possono diventare potenti strumenti per perseguire la tua missione.

Un modo efficace per esplorare la tua missione è visualizzare l'impatto che desideri avere sul mondo. Chiudi gli occhi e immagina di vivere in un mondo ideale. Quali cambiamenti vedi? Come hai contribuito a questi cambiamenti? Questa visualizzazione può aiutarti a chiarire il tipo di contributo che vuoi dare e a delineare la tua missione personale.

È importante anche considerare le tue competenze e talenti. In cosa sei particolarmente bravo? Come puoi utilizzare queste abilità per affrontare le sfide che ti appassionano? Ad esempio, se hai una mente analitica e ami la tecnologia, potresti dedicarti a progetti che utilizzano l'innovazione per risolvere problemi sociali o ambientali. Se sei empatico e bravo ad ascoltare, potresti lavorare nel campo del supporto psicologico o del counseling.

La tua missione deve rispecchiare i tuoi valori personali. Cosa è veramente importante per te? L'onestà, la giustizia, la compassione, l'innovazione? Identificare i tuoi valori ti aiuterà a creare una missione autentica e allineata con chi sei veramente. Una missione basata sui tuoi valori è sostenibile nel tempo e ti darà la forza di perseverare anche di fronte alle difficoltà.

Per tradurre le tue passioni in una missione significativa, è utile stabilire obiettivi concreti. Cosa vuoi realizzare nei prossimi anni? Quali passi puoi compiere oggi per avvicinarti al tuo scopo? Fissare obiettivi chiari ti aiuterà a mantenere il focus e la motivazione, e ti permetterà di misurare i tuoi progressi.

Inizia con piccoli passi. Non è necessario rivoluzionare la tua vita da un giorno all'altro. Puoi iniziare dedicando qualche ora alla settimana a un progetto che ti appassiona, partecipando a un gruppo di volontariato o semplicemente informandoti di più su una causa che ti sta a cuore. Questi piccoli gesti possono crescere e trasformarsi in una missione più ampia e strutturata.

Ricorda, la missione è un viaggio personale e unico. Non esistono percorsi prestabiliti; ciò che conta è seguire il tuo cuore e le tue passioni. Ogni contributo, grande o piccolo, ha un valore immenso. La tua missione non solo ti permetterà di vivere una vita piena di significato, ma contribuirà anche a rendere il mondo un posto migliore.

Scoprire la tua vocazione significa connetterti profondamente con i tuoi talenti naturali, abilità e capacità. È il processo di riconoscere le aree in cui eccelli e dove trovi soddisfazione personale, per poi esplorare come questi talenti possono essere messi al servizio della tua missione. La vocazione non è solo un lavoro o una carriera, ma una chiamata che ti spinge a utilizzare i tuoi doni unici per fare la differenza nel mondo.

Inizia con una riflessione sincera su ciò che fai meglio. Quali sono le attività in cui ti senti veramente competente e che svolgi con facilità? Pensa ai momenti in cui hai ricevuto complimenti sinceri dagli altri per il tuo lavoro o le tue capacità. Questi riconoscimenti sono spesso indizi preziosi delle tue abilità naturali. Che si tratti di risolvere problemi complessi, di comunicare in modo efficace, di creare opere d'arte ispirate o di costruire relazioni solide, i tuoi talenti sono il fondamento della tua vocazione.

Ricordati di considerare anche ciò che ti dà soddisfazione personale. Spesso, le aree in cui eccelli sono anche quelle che ti portano gioia e realizzazione.

Quando ti immergi in queste attività, senti una profonda connessione e un senso di pienezza. Questo è un segnale importante: la tua vocazione è strettamente legata a ciò che ti fa sentire vivo e appagato.

Un modo efficace per esplorare i tuoi talenti è fare una lista delle tue competenze e delle esperienze in cui le hai utilizzate con successo. Rifletti sui progetti che hai portato a termine con successo, sui ruoli in cui hai brillato e sulle sfide che hai superato con le tue abilità. Questi ricordi ti aiuteranno a identificare i tuoi punti di forza e a capire come puoi sfruttarli al meglio.

Ora, considera come questi talenti possono essere messi al servizio della tua missione. Immagina di combinare le tue abilità con le cause che ti appassionano. Se sei bravo a comunicare, potresti usare questo talento per sensibilizzare le persone su questioni importanti. Se hai una mente analitica, potresti applicare le tue capacità per risolvere problemi complessi nel campo della sostenibilità ambientale o della salute pubblica. La chiave è trovare modi creativi per unire le tue competenze con il desiderio di fare la differenza.

Ad esempio, supponiamo che tu abbia una passione per l'arte e un talento naturale per la pittura. La tua missione potrebbe essere quella di portare bellezza e ispirazione nelle comunità meno fortunate. Potresti organizzare laboratori artistici per bambini, creando spazi in cui possano esprimere la loro creatività e trovare gioia attraverso l'arte. In questo modo, non solo stai utilizzando i tuoi talenti, ma stai anche contribuendo a una causa che ti sta a cuore.

Un altro esempio potrebbe essere se hai un talento per il problem solving e una passione per l'innovazione tecnologica. La tua missione potrebbe essere quella di sviluppare soluzioni tecnologiche per migliorare la vita delle persone disabili. Utilizzando le tue competenze tecniche, potresti creare dispositivi o applicazioni che rendano la loro vita quotidiana più facile e indipendente.

Infine, ricordati che la scoperta della tua vocazione è un viaggio continuo. I tuoi talenti e interessi possono evolvere nel tempo, e così anche la tua vocazione. Mantieni una mente aperta e sii disposto a esplorare nuove opportunità e sfide. Ogni esperienza ti aiuta a crescere e a rafforzare la tua vocazione, avvicinandoti sempre di più al tuo Ikigai.

Connetterti con i tuoi talenti naturali e trovare la tua vocazione ti permette di vivere una vita più autentica e appagante. Quando utilizzi le tue abilità per servire la tua missione, non solo realizzi il tuo potenziale, ma contribuisci anche a creare un impatto positivo nel mondo.

Professione

Allineare la tua carriera professionale con i pilastri dell'Ikigai è una delle chiavi per vivere una vita piena di significato e soddisfazione. Immagina di svegliarti ogni mattina entusiasta del lavoro che fai, sapendo che ciò che fai non solo ti appassiona, ma contribuisce anche a un bene più grande e sfrutta i tuoi talenti naturali. Questa è la potenza di una professione allineata con l'Ikigai.

Per raggiungere questo obiettivo, inizia con una riflessione sulle tue attuali attività lavorative. Chiediti: il mio lavoro attuale rispecchia le mie passioni? Sento che ciò che faccio ha un impatto positivo sul mondo? Utilizzo i miei talenti naturali e mi sento realizzato in ciò che faccio? Se la risposta a queste domande è "no" o "non sempre", potrebbe essere il momento di considerare un cambiamento.

Identificare professioni o attività lavorative che corrispondono alle tue passioni, missione e vocazione è un passo cruciale. Pensa a cosa ti entusiasma e a come queste passioni possono essere tradotte in una carriera. Ad esempio, se ami aiutare gli altri e hai una naturale capacità di ascolto, potresti considerare una carriera nel counseling o nella psicoterapia. Se sei appassionato di tecnologia e innovazione, potresti trovare soddisfazione nel campo dello sviluppo software o della ricerca scientifica.

La tua missione e vocazione sono ugualmente importanti. Cerca di identificare professioni che ti permettano di contribuire alle cause che ti stanno a cuore e di utilizzare i tuoi talenti in modo significativo. Se la sostenibilità ambientale è una tua passione, potresti esplorare opportunità di lavoro nel settore delle energie rinnovabili o dell'ecologia. Se sei un educatore nel cuore, insegnare o lavorare in organizzazioni che promuovono l'istruzione può essere la tua chiamata.

Una volta individuate le professioni che rispecchiano i tuoi pilastri dell'Ikigai, è tempo di esplorare strategie per creare o adattare la tua carriera verso un lavoro significativo. Uno dei primi passi potrebbe essere quello di cercare opportunità all'interno della tua attuale posizione. Parla con i tuoi superiori o colleghi delle tue aspirazioni e cerca modi per incorporare le tue passioni e abilità nel tuo ruolo attuale. Questo potrebbe significare prendere l'iniziativa su nuovi progetti, proporre idee innovative o assumere responsabilità che ti permettano di esprimere meglio il tuo Ikigai.

Se senti che la tua attuale posizione non offre spazio per tali cambiamenti, considera la possibilità di esplorare nuove opportunità al di fuori della tua attuale azienda. Inizia a fare networking con professionisti del settore che ti interessa, partecipa a eventi o conferenze e cerca stage o tirocini che possano offrirti una finestra su una nuova carriera. L'apprendimento continuo e l'acquisizione di nuove competenze possono anche aprire porte a opportunità professionali che meglio si allineano con il tuo Ikigai.

Un'altra strategia è quella di creare la tua strada attraverso l'imprenditoria. Se hai una visione chiara di come vorresti combinare le tue passioni, missione e vocazione, avviare la tua attività potrebbe essere la soluzione. Questo approccio richiede coraggio e determinazione, ma può offrirti la libertà di costruire una carriera che sia davvero in sintonia con chi sei e con ciò che desideri realizzare.

Infine, ricorda che la transizione verso una carriera allineata con l'Ikigai è un viaggio e non un cambiamento istantaneo. Sii paziente con te stesso e permetti al processo di evolversi naturalmente. Ogni passo che fai verso la realizzazione del tuo Ikigai ti avvicina a una vita più appagante e piena di significato.

Allineare la tua professione con i pilastri dell'Ikigai non solo ti permette di vivere una vita più felice e realizzata, ma ti consente anche di fare una differenza significativa nel mondo. Nel prossimo capitolo, esploreremo come lo stile di vita Ikigai può influenzare ogni aspetto della tua vita quotidiana, aiutandoti a vivere in armonia con te stesso e con il mondo che ti circonda.

Capitolo 3: Stile di vita Ikigai

Vivere nel presente

La vita moderna ci trascina in una corsa frenetica, spesso facendoci dimenticare l'importanza di vivere nel presente. Eppure, la capacità di essere presenti è una delle chiavi per una vita appagante e significativa. Vivere nel presente significa praticare la consapevolezza e la gratitudine per i momenti quotidiani, rallentare, disconnettersi dalle distrazioni e trovare gioia nelle piccole cose. È un'abilità che si può coltivare con pratica e intenzione.

Immagina di iniziare ogni giornata con un momento di consapevolezza. Prima ancora di alzarti dal letto, prenditi un attimo per respirare profondamente e sentire il tuo corpo. Ringrazia per il nuovo giorno che ti aspetta, per le opportunità che porta e per la semplice bellezza di essere vivo. Questa pratica di gratitudine può trasformare il modo in cui affronti la giornata, infondendo un senso di pace e apprezzamento.

Durante la giornata, cerca di rallentare e disconnetterti dalle distrazioni. Viviamo in un mondo costantemente connesso, dove le notifiche dei telefoni, i social media e le infinite liste di cose da fare possono farci sentire sopraffatti. Prova a stabilire dei momenti di pausa, dove ti concedi di staccare la spina e concentrarti sul presente. Può essere una passeggiata senza telefono, un tè bevuto in silenzio o semplicemente qualche minuto di meditazione. Questi momenti di disconnessione ti permettono di ricaricare le energie e di ritrovare il contatto con te stesso.

La consapevolezza è una pratica potente. Consiste nel portare l'attenzione al momento presente senza giudizio. Può essere applicata a qualsiasi attività quotidiana: mangiare, camminare, lavorare. Ad esempio, mentre mangi, prova a notare i sapori, le consistenze e gli aromi del cibo. Mangia lentamente, apprezzando ogni boccone. Quando cammini, senti il contatto dei tuoi piedi con il suolo, nota i suoni intorno a te e osserva i dettagli del paesaggio. Questi piccoli atti di consapevolezza ti ancorano al presente e ti aiutano a vivere con maggiore intensità e piacere.

Trovare gioia nelle piccole cose è un altro aspetto fondamentale di vivere nel presente. Spesso cerchiamo la felicità in grandi eventi o realizzazioni, dimenticando che la vera gioia si trova nelle esperienze quotidiane. Il sorriso di un amico, il calore del sole sulla pelle, il profumo del caffè al mattino, il suono della pioggia che cade. Questi momenti, se notati e apprezzati, possono riempire la tua vita di una gioia semplice ma profonda.

Apprezzare la bellezza del mondo che ci circonda è un modo per rimanere presenti e connessi. La natura offre infinite meraviglie: il colore di un fiore, il canto degli uccelli, la vastità del cielo. Prenditi del tempo per immergerti nella natura, anche se solo per pochi minuti al giorno. Lascia che la sua bellezza ti ricordi l'importanza di essere presente e grato per il momento attuale.

Vivere nel presente non è sempre facile, ma è una pratica che può portare immensi benefici alla tua vita. Ti aiuta a ridurre lo stress, a migliorare la tua salute mentale e a creare una connessione più profonda con te stesso e con il mondo. È un invito a rallentare, a respirare e a godere della bellezza e della magia di ogni momento Esploreremo come la moderazione può contribuire a uno stile di vita equilibrato e sostenibile, aiutandoti a vivere in armonia con te stesso e con gli altri.

Moderazione

La moderazione è un principio fondamentale per vivere una vita equilibrata e sostenibile. Adottare un approccio equilibrato all'alimentazione, al lavoro e al tempo libero ti aiuta a evitare eccessi e a trovare un ritmo di vita che promuove il benessere fisico e mentale. La moderazione non significa privazione, ma piuttosto trovare il giusto equilibrio che ti permette di godere delle cose buone della vita senza compromettere la tua salute o felicità.

Inizia con l'alimentazione. Mangiare in modo equilibrato è essenziale per mantenere il corpo e la mente in salute. Questo non significa seguire diete rigide o privarsi dei cibi che ami, ma fare scelte consapevoli. Prova a includere una varietà di alimenti freschi e nutrienti nella tua dieta quotidiana. Goditi i tuoi pasti, assaporando ogni boccone, e ascolta il tuo corpo: mangia quando hai fame e fermati quando sei sazio. La moderazione nell'alimentazione ti permette di mantenere l'energia e la vitalità senza sentirti appesantito o privato.

Nel lavoro, la moderazione è altrettanto importante. Viviamo in una cultura che spesso glorifica il superlavoro e l'essere sempre occupati. Tuttavia, lavorare eccessivamente può portare a stress, esaurimento e una diminuzione della produttività a lungo termine. Cerca di stabilire dei limiti chiari tra il lavoro e la vita personale. Prenditi delle pause regolari durante la giornata lavorativa per ricaricare le energie e cerca di evitare di portare il lavoro a casa. Ricorda che il tempo libero è altrettanto prezioso del tempo dedicato al lavoro, poiché ti permette di rilassarti, riflettere e ricaricarti.

Il tempo libero, infatti, è un aspetto cruciale per il tuo benessere. Trova attività che ti rilassano e ti ricaricano, che si tratti di leggere un libro, fare una passeggiata, praticare yoga o passare del tempo con amici e familiari. Il segreto è bilanciare le attività ricreative con momenti di riposo e riflessione. Non sentirti in colpa per dedicare del tempo a te stesso: è una parte essenziale di una vita equilibrata e sostenibile.

Praticare l'auto-cura è un altro pilastro della moderazione. Prendersi cura di sé significa ascoltare i propri bisogni fisici e mentali e rispondere ad essi con gentilezza e attenzione. Assicurati di dormire a sufficienza, di fare regolarmente attività fisica e di dedicare del tempo alle tue passioni e hobby. La meditazione e la mindfulness possono essere strumenti preziosi per mantenere la mente calma e focalizzata.

L'auto-cura include anche il riconoscimento dei propri limiti e l'importanza di dire no quando necessario. È facile sentirsi sopraffatti dalle richieste degli altri, ma è essenziale ricordare che non puoi essere utile a nessuno se non ti prendi cura prima di te stesso. Stabilire dei confini sani e rispettarli ti aiuta a mantenere l'equilibrio e a prevenire il burnout.

Trovare un ritmo di vita sostenibile significa anche evitare gli eccessi in ogni ambito. Che si tratti di lavoro, cibo, esercizio fisico o socializzazione, troppo di qualcosa può diventare dannoso. Cerca di vivere con moderazione, godendo appieno di ogni aspetto della tua vita senza cadere negli eccessi. Questa filosofia ti permette di mantenere un equilibrio sano, che promuove la longevità e il benessere generale.

Adottando un approccio equilibrato all'alimentazione, al lavoro e al tempo libero, evitando eccessi e praticando l'auto-cura, puoi creare un ritmo di vita sostenibile che supporta il tuo benessere fisico e mentale. Esploreremo l'importanza dell'attività fisica come parte di uno stile di vita Ikigai, scoprendo come mantenere il corpo attivo e sano può influire positivamente sulla tua vita quotidiana.

Attività fisica

L'attività fisica è un elemento essenziale di uno stile di vita equilibrato e appagante. Muoversi regolarmente e incorporare l'esercizio fisico nella routine quotidiana non solo migliora la salute fisica, ma ha anche effetti profondamente positivi sul benessere mentale e emotivo.

Per cominciare, è importante trovare un tipo di attività fisica che ti piaccia davvero. Non si tratta di costringersi a fare qualcosa di sgradevole, ma di scoprire il piacere nel movimento. Può essere una passeggiata al parco, una sessione di yoga, una nuotata rilassante o un'energica corsa mattutina. L'idea è di trovare ciò che ti fa sentire bene e che puoi mantenere nel tempo. Se l'idea di andare in palestra non ti entusiasma, esplora altre opzioni come la danza, il ciclismo, o anche il giardinaggio. L'importante è che il movimento diventi una parte naturale e piacevole della tua vita quotidiana.

Integrare l'attività fisica nella tua routine quotidiana può sembrare una sfida, ma con un po' di creatività e pianificazione, è possibile. Inizia con piccoli cambiamenti, come prendere le scale invece dell'ascensore, fare una passeggiata durante la pausa pranzo o dedicare 10 minuti al giorno a esercizi di stretching. Man mano che questi piccoli cambiamenti diventano abitudini, puoi aumentare gradualmente l'intensità e la durata delle tue attività fisiche. La chiave è la costanza: è meglio fare un po' di movimento ogni giorno piuttosto che sforzarsi eccessivamente una volta alla settimana.

I benefici dell'attività fisica sono numerosi e vanno ben oltre il miglioramento della forma fisica. Dal punto di vista fisico, l'esercizio regolare rafforza il cuore, migliora la circolazione, aumenta la resistenza e la flessibilità, e aiuta a mantenere un peso sano. Ma i benefici non finiscono qui. L'attività fisica è un potente alleato per la salute mentale. Quando ti muovi, il corpo rilascia endorfine, noti come "ormoni della felicità", che migliorano l'umore e riducono lo stress. L'esercizio fisico regolare può anche ridurre i sintomi di ansia e depressione, migliorare la qualità del sonno e aumentare l'autostima.

Inoltre, l'attività fisica offre un'opportunità per connettersi con se stessi e con l'ambiente circostante. Praticare sport all'aria aperta, come camminare in un parco o fare escursioni in montagna, ti permette di godere della bellezza della natura e di sentirti più presente e consapevole. Anche le attività di gruppo, come una partita di calcio o una lezione di danza, offrono occasioni per socializzare e creare legami con gli altri, promuovendo un senso di comunità e appartenenza.

L'attività fisica può anche essere un modo per esplorare nuove passioni e interessi. Prova diverse attività fino a trovare quella che ti entusiasma davvero. Potresti scoprire che ti piace l'arrampicata, il pilates, il tai chi o qualsiasi altra disciplina che non avresti mai considerato prima. Questa esplorazione può arricchire la tua vita, offrendo nuove sfide e motivazioni.

Infine, ricorda che l'attività fisica non deve essere un obbligo, ma un'opportunità per migliorare il tuo benessere complessivo. Ascolta il tuo corpo e rispetta i tuoi limiti, evitando di esagerare. L'obiettivo è muoversi con gioia e consapevolezza, trovando un equilibrio che ti permetta di godere dei benefici del movimento senza stress o pressione.

Trova attività che ti piacciono, integra il movimento nella tua routine e scopri i molteplici benefici per la tua salute fisica e mentale.

Connessioni sociali

Le connessioni sociali sono il tessuto che tiene insieme la nostra esistenza, offrendo supporto, gioia e un senso di appartenenza. Coltivare relazioni significative con familiari, amici e comunità è essenziale per vivere una vita piena e appagante. Impegnarsi in attività sociali e interpersonali non solo arricchisce la nostra vita, ma ci aiuta anche a sentirci parte di qualcosa di più grande.

Inizia dalle relazioni con i tuoi familiari. La famiglia è spesso il nucleo più vicino e intimo del nostro cerchio sociale. Dedica del tempo di qualità ai tuoi cari, condividendo esperienze e creando ricordi insieme. Piccoli gesti come una cena in famiglia, una passeggiata o una telefonata possono rafforzare i legami e portare un senso di calore e sicurezza. La comunicazione aperta e sincera è fondamentale: esprimi i tuoi sentimenti, ascolta gli altri e sostieni i tuoi familiari nei momenti di bisogno.

Gli amici sono un altro pilastro importante delle connessioni sociali. Gli amici condividono con noi momenti di gioia, ci sostengono nei periodi difficili e arricchiscono la nostra vita con la loro presenza. Cerca di mantenere e coltivare le amicizie, anche se la vita può essere frenetica. Organizza incontri regolari, anche se brevi, e cerca di essere presente nei momenti importanti per loro. La qualità delle amicizie è più importante della quantità: circondati di persone che ti fanno sentire bene, che ti ispirano e che condividono i tuoi valori.

La comunità è un'estensione naturale delle relazioni sociali più intime. Partecipare attivamente alla vita della tua comunità può offrire un senso di appartenenza e di scopo. Che si tratti di fare volontariato, partecipare a eventi locali o unirti a gruppi che condividono i tuoi interessi, impegnarti nella comunità ti permette di connetterti con altre persone e di contribuire al benessere collettivo. Queste attività sociali non solo portano gioia e soddisfazione, ma creano anche reti di supporto reciproco che possono essere preziose nei momenti di difficoltà.

Impegnarsi in attività sociali e interpersonali che apportano gioia e supporto è fondamentale per un senso di connessione. Le attività che scegli dovrebbero riflettere i tuoi interessi e passioni. Se ami la musica, partecipa a un coro o a un gruppo musicale. Se ti piace lo sport, unisciti a una squadra o a un gruppo di escursionisti. Se sei appassionato di lettura, considera un club del libro. Queste attività non solo ti permettono di fare ciò che ami, ma ti offrono anche l'opportunità di incontrare persone con interessi simili, creando legami significativi.

Sperimentare il senso di appartenenza e connessione con gli altri è una delle esperienze più gratificanti della vita. Quando ci sentiamo parte di un gruppo, che sia la famiglia, gli amici o la comunità, il nostro senso di identità si rafforza e ci sentiamo più sicuri e compresi. Le relazioni significative ci aiutano a vedere il mondo da diverse prospettive, arricchendo la nostra comprensione e tolleranza verso gli altri.

Un modo per rafforzare il senso di appartenenza è celebrare insieme i momenti importanti. Feste, anniversari, successi e anche le piccole vittorie quotidiane sono occasioni per riunirsi e condividere la gioia. Questi momenti di condivisione creano ricordi duraturi e rafforzano i legami tra le persone.

Infine, non sottovalutare il potere delle piccole interazioni quotidiane. Un sorriso, un saluto o una parola gentile possono fare una grande differenza nella giornata di qualcuno. Questi semplici gesti contribuiscono a creare un ambiente di positività e connessione, rendendo il mondo un posto più accogliente.

Impegnati in attività sociali che portano gioia e supporto, e cerca di sperimentare il senso di appartenenza e connessione con gli altri. Questi legami non solo arricchiranno la tua vita, ma ti aiuteranno a trovare un equilibrio e una soddisfazione duratura.

Imparare a crescere

Uno degli aspetti più vitali per vivere secondo i principi dell'Ikigai è mantenere una mente aperta e curiosa, sempre desiderosa di imparare cose nuove. La curiosità è il motore della crescita personale e dell'arricchimento della vita. Quando ci permettiamo di esplorare nuovi hobby, interessi e aree di conoscenza, non solo ampliamo i nostri orizzonti, ma coltiviamo anche un senso di meraviglia e entusiasmo per la vita.

Per mantenere una mente aperta, è essenziale abbracciare l'idea che l'apprendimento è un viaggio continuo. Ogni giorno offre l'opportunità di scoprire qualcosa di nuovo, che si tratti di un fatto interessante, una nuova competenza o una diversa prospettiva. Cerca di vedere il mondo con gli occhi di un bambino, dove ogni esperienza è una possibilità di apprendimento. Questo atteggiamento ti aiuterà a rimanere curioso e a vedere il valore in ogni situazione, anche quelle apparentemente banali.

Esplorare nuovi hobby e interessi è un modo eccellente per alimentare la tua curiosità. Potresti scoprire una passione nascosta per la fotografia, la cucina, il giardinaggio o la scrittura creativa. Prova a dedicare del tempo ogni settimana per sperimentare qualcosa di nuovo. Partecipa a corsi, laboratori o eventi locali che ti permettano di approfondire un argomento che ti intriga. Non aver paura di uscire dalla tua zona di comfort: spesso le esperienze più arricchenti nascono dal tentare qualcosa di nuovo e inaspettato.

La crescita personale non si limita solo ai nuovi interessi; si tratta anche di sviluppare nuove competenze e abilità che possono arricchire la tua vita in modi significativi. Imparare una nuova lingua, ad esempio, può aprirti a nuove culture e modi di pensare, mentre acquisire competenze tecniche può aumentare le tue opportunità professionali. La chiave è identificare le aree che ti appassionano e investire il tempo e l'energia necessari per migliorarti. Ogni nuova competenza che acquisisci aggiunge un tassello al mosaico della tua vita, rendendola più colorata e complessa.

Inoltre, l'apprendimento continuo ha numerosi benefici per la salute mentale. Stimolare la mente con nuove informazioni e sfide mantiene il cervello attivo e giovane, prevenendo il declino cognitivo. Imparare nuove abilità può anche aumentare la tua autostima e il senso di realizzazione, facendoti sentire più competente e capace di affrontare le sfide della vita.

L'importanza di imparare e crescere è anche nel modo in cui ci connette agli altri. Partecipare a corsi o gruppi di interesse comune ti offre l'opportunità di incontrare persone con passioni simili, creando nuove amicizie e reti di supporto. Questi legami possono arricchire ulteriormente la tua vita, offrendoti nuove prospettive e ispirazione.

Per rendere l'apprendimento una parte integrale della tua vita, crea un ambiente che lo favorisca. Circondati di libri, iscriviti a newsletter su temi di tuo interesse, guarda documentari e ascolta podcast che stimolano la tua curiosità. Fai domande, cerca risposte e non smettere mai di esplorare il mondo intorno a te. La tecnologia moderna offre infinite risorse per l'apprendimento, sfruttale al meglio per continuare a crescere.

Questi elementi ti aiutano a crescere come persona, arricchendo la tua vita e permettendoti di affrontare il futuro con entusiasmo e fiducia. Nel prossimo capitolo, esamineremo come superare gli ostacoli e le sfide nella ricerca del proprio Ikigai, fornendo strategie pratiche per mantenere alta la motivazione e superare le difficoltà lungo il cammino.

Capitolo 4: Ostacoli e sfide nella ricerca dell'Ikigai

Dubbi e paure

La strada verso la scoperta del proprio Ikigai è spesso costellata di dubbi e paure. Questi sentimenti possono rappresentare grandi ostacoli, ma riconoscerli e affrontarli è il primo passo per superarli. Tra le paure più comuni vi sono la paura del fallimento, la paura del cambiamento e la paura del giudizio. Ognuna di queste può frenare la tua esplorazione e sperimentazione, ma con consapevolezza e coraggio, è possibile trasformarle in opportunità di crescita.

La paura del fallimento è forse una delle barriere più universali. La paura di non riuscire a trovare il proprio Ikigai o di non essere all'altezza delle proprie aspettative può paralizzare. Questo timore nasce spesso dall'idea che esista un unico modo giusto di fare le cose e che qualsiasi deviazione sia un segno di insuccesso. Tuttavia, è importante ricordare che il fallimento non è la fine del percorso, ma una parte inevitabile del viaggio. Ogni errore e ogni passo falso offrono preziose lezioni che ti avvicinano al tuo Ikigai. Accetta l'idea che sbagliare fa parte del processo di apprendimento e che ogni fallimento è un'opportunità per crescere e migliorare.

La paura del cambiamento è un'altra sfida significativa. Lasciare la propria zona di comfort e abbracciare l'incertezza del percorso verso l'Ikigai può essere spaventoso. Tuttavia, è proprio in questi momenti di incertezza che possiamo scoprire nuove opportunità e risorse interiori. Il cambiamento, seppur difficile, è essenziale per la crescita. Immagina la tua vita come un libro con capitoli in continua evoluzione. Ogni cambiamento rappresenta una nuova pagina, un'opportunità per scrivere una storia diversa e più ricca. Abbracciare il cambiamento significa avere il coraggio di esplorare nuove direzioni e di scoprire aspetti di te stesso che altrimenti rimarrebbero nascosti.

Infine, la paura del giudizio può frenare la tua esplorazione e sperimentazione. La preoccupazione di essere giudicati dagli altri per le proprie scelte e passioni è un timore comune. Spesso, siamo così concentrati su ciò che gli altri potrebbero pensare di noi che ci dimentichiamo di ciò che è veramente importante per noi stessi. Per superare questa paura, è fondamentale ricordare che la tua vita è tua e di nessun altro. Le persone che ti giudicano spesso lo fanno basandosi sulle loro insicurezze e paure. Trova la forza di seguire il tuo percorso, sapendo che chi ti ama veramente ti sosterrà nelle tue scelte.

Affrontare questi dubbi e paure richiede coraggio e determinazione, ma è possibile farlo con alcune strategie pratiche. Prima di tutto, riconosci le tue paure. Metterle nero su bianco, magari scrivendo un diario, può aiutarti a comprenderle meglio e a vedere che molte di esse sono ingigantite dalla tua mente. Parla delle tue paure con persone di fiducia: amici, familiari o un mentore. Spesso, il solo fatto di condividere i tuoi timori può ridurne il potere.

Inoltre, pratica la gentilezza verso te stesso. Ricorda che il percorso verso l'Ikigai è unico per ognuno e che non esiste una scadenza o una strada prestabilita. Concediti il permesso di andare a un ritmo che ti è congeniale e celebra ogni piccolo progresso che fai lungo il cammino.

Infine, visualizza il successo. Immagina te stesso mentre vivi pienamente il tuo Ikigai, sentendo la gioia e la soddisfazione che ne derivano. Questa visione positiva può motivarti a superare le paure e a perseverare nel tuo viaggio. Ogni passo che fai, per quanto piccolo, ti avvicina a una vita più autentica e appagante.

Mancanza di chiarezza

La ricerca dell'Ikigai può essere complicata dalla mancanza di chiarezza. Comprendere le proprie passioni, talenti e missione è fondamentale, ma spesso questi aspetti non sono immediatamente evidenti. La difficoltà di identificare ciò che davvero dà senso e gioia alla vita, l'incertezza sui propri talenti e abilità, e la sfida di definire una missione chiara possono rendere questo percorso particolarmente complesso.

Capire quali siano le proprie passioni non è sempre facile. La vita frenetica, le responsabilità quotidiane e le pressioni esterne possono allontanarci da ciò che ci entusiasma veramente. Spesso, le nostre passioni sono sepolte sotto anni di aspettative sociali e professionali. Un buon punto di partenza è dedicare del tempo a riflettere su ciò che ti rende davvero felice. Prova a ricordare le attività che amavi fare da bambino, prima che le responsabilità della vita adulta si imponessero. Queste passioni nascoste possono offrire preziosi indizi sulle tue vere inclinazioni. Sperimenta con nuovi hobby e attività, senza preoccuparti del risultato. La scoperta delle passioni può richiedere tempo e un approccio esplorativo, ma è un passo fondamentale verso la chiarezza.

L'incertezza sui propri talenti e abilità è un altro ostacolo comune. Spesso sottovalutiamo le nostre capacità perché ci sembrano normali o insignificanti. Tuttavia, ciò che consideri banale potrebbe essere straordinario per qualcun altro. Chiedi a chi ti conosce bene di aiutarti a identificare i tuoi punti di forza. Feedback sinceri da amici, familiari o colleghi possono rivelare talenti nascosti di cui non eri consapevole. Inoltre, rifletti sulle attività in cui ti senti particolarmente competente e sicuro di te. Questi momenti di eccellenza sono indicatori chiave dei tuoi talenti. Una volta identificati, pensa a come questi talenti possono essere applicati in un contesto professionale o in un'attività significativa. Spesso, le risposte a queste domande aprono nuove strade verso il tuo Ikigai.

Definire la propria missione è forse la sfida più grande. Non è sempre chiaro quale contributo si voglia dare al mondo o come si possa fare la differenza. La missione è l'elemento che lega insieme passioni e talenti, creando un percorso di vita significativo. Inizia con domande profonde: Cosa ti commuove? Quali ingiustizie ti indignano? In cosa credi fermamente? Le risposte a queste domande possono aiutarti a delineare una missione personale. Non deve essere grandiosa o rivoluzionaria; anche un piccolo contributo può avere un impatto significativo. Sperimenta diverse attività di volontariato, partecipa a cause che ti appassionano, o semplicemente dedica del tempo a riflettere su come vuoi influenzare positivamente la vita degli altri. La missione è un percorso in continua evoluzione, che si chiarisce con l'esperienza e la riflessione costante.

Per superare la mancanza di chiarezza, può essere utile adottare un approccio sistematico. Tieni un diario in cui annoti le tue riflessioni, le attività che ti hanno reso felice, i complimenti che hai ricevuto e i pensieri sulla tua missione. Rileggere queste note periodicamente può aiutarti a individuare schemi e a fare chiarezza su ciò che è veramente importante per te.

Inoltre, cerca il supporto di un mentore o un coach. Qualcuno con esperienza e saggezza può offrirti una prospettiva esterna e guidarti nel processo di scoperta.

Non esitare a chiedere aiuto: il viaggio verso l'Ikigai è personale, ma non deve essere solitario.

Procrastinazione e mancanza di motivazione

Uno degli ostacoli più comuni e insidiosi nella ricerca dell'Ikigai è la procrastinazione e la mancanza di motivazione. Trovare l'energia e la voglia di intraprendere questo viaggio può essere difficile, soprattutto quando siamo sommersi da impegni e responsabilità quotidiane. La motivazione, inoltre, non è costante: può fluttuare nel tempo, rendendo complicato mantenere la direzione. Superare la procrastinazione è essenziale per fare progressi e avvicinarsi al proprio Ikigai.

Trovare la motivazione per iniziare è spesso il passo più arduo. Quando siamo già impegnati con lavoro, famiglia e altre responsabilità, aggiungere un nuovo obiettivo può sembrare impossibile. Per trovare la motivazione, inizia con piccoli passi. Non è necessario rivoluzionare la tua vita dall'oggi al domani. Scegli un'area della tua vita su cui concentrarti e dedica ad essa pochi minuti al giorno. Può essere una breve sessione di scrittura, una passeggiata riflessiva o la lettura di un libro ispirante. Questi piccoli impegni quotidiani possono accumularsi, creando un momentum che ti spingerà ad andare avanti.

Per mantenere la motivazione nel tempo, è fondamentale avere una visione chiara del tuo Ikigai e dei benefici che porta. Visualizza regolarmente il risultato finale: una vita piena di significato, soddisfazione e gioia. Questo può aiutarti a superare i momenti di dubbio e stanchezza. Inoltre, circondati di persone positive e di supporto. Condividere i tuoi obiettivi e progressi con amici, familiari o un gruppo di supporto può fornirti l'incoraggiamento necessario per continuare. Celebra i piccoli successi lungo il cammino, riconoscendo ogni passo avanti come un traguardo importante. Questo rafforza il senso di progresso e ti mantiene motivato.

Superare la procrastinazione richiede un approccio strategico. La procrastinazione spesso deriva dalla paura dell'insuccesso o dalla sensazione di essere sopraffatti. Una tecnica efficace è suddividere i compiti in parti più piccole e gestibili. Invece di affrontare un compito complesso tutto in una volta, spezzettalo in azioni specifiche e semplici. Ad esempio, se il tuo obiettivo è scrivere un libro, inizia scrivendo un paragrafo al giorno.

Questo approccio riduce l'ansia e rende l'azione più accessibile.

Un altro strumento utile è la tecnica del "time blocking", che prevede di riservare blocchi di tempo specifici per determinate attività. Dedica una certa parte della giornata al tuo progetto Ikigai, trattandola come un appuntamento importante e non negoziabile. Durante questo tempo, elimina tutte le distrazioni: spegni il telefono, disconnettiti dai social media e concentrati esclusivamente sull'attività. Questo metodo ti aiuta a creare una routine e a mantenere la disciplina necessaria per fare progressi costanti.

La gestione del tempo è cruciale. Utilizza strumenti come agende, liste di cose da fare e applicazioni di produttività per organizzare le tue giornate. Pianificare in anticipo ti permette di vedere chiaramente come e quando puoi dedicare tempo al tuo Ikigai. Inoltre, prendi nota dei momenti della giornata in cui sei più energico e produttivo e dedica questi momenti alle attività più importanti.

Infine, coltiva l'auto-compassione. La procrastinazione non è un segno di pigrizia o mancanza di volontà, ma spesso un sintomo di insicurezza e stress. Sii gentile con te stesso quando incontri difficoltà. Riconosci i tuoi sforzi e perdona i tuoi errori. Ogni giorno è una nuova opportunità per riprendere il cammino verso il tuo Ikigai.

Ostacoli esterni

Nel viaggio verso la scoperta dell'Ikigai, gli ostacoli esterni possono essere altrettanto impegnativi quanto quelli interni. Le responsabilità familiari e lavorative, la mancanza di risorse e supporto, e le influenze negative del nostro ambiente possono frenare i nostri progressi. Tuttavia, riconoscendo e affrontando questi ostacoli, possiamo trovare modi creativi per continuare a perseguire il nostro scopo.

Le responsabilità familiari e lavorative spesso occupano gran parte del nostro tempo ed energia, lasciando poco spazio per esplorare il proprio Ikigai. Bilanciare il lavoro, la cura dei figli, le faccende domestiche e altri impegni può sembrare un compito insormontabile. Tuttavia, è possibile trovare un equilibrio. Inizia con la pianificazione e la priorità. Analizza la tua routine quotidiana e cerca di identificare momenti in cui puoi dedicare del tempo a te stesso, anche se sono solo pochi minuti al giorno. Comunica apertamente con i tuoi familiari e colleghi riguardo ai tuoi obiettivi personali. Spesso, le persone che ti circondano saranno più che felici di offrirti il loro supporto se comprendono quanto sia importante per te.

La mancanza di risorse e supporto è un altro ostacolo comune. La carenza di tempo, denaro o risorse di supporto può rendere difficile intraprendere il percorso verso l'Ikigai. Tuttavia, ci sono modi per superare queste sfide. Se il tempo è un problema, prova a ritagliarti momenti specifici nella tua giornata o settimana dedicati alle attività che ti avvicinano al tuo Ikigai. Se il denaro è un ostacolo, cerca soluzioni economiche o gratuite. Ad esempio, molti corsi e risorse sono disponibili online a basso costo o gratuitamente. Anche la ricerca di un mentore o di un gruppo di supporto può fare una grande differenza. Le persone che hanno già intrapreso un percorso simile possono offrire preziosi consigli e incoraggiamento.

Le influenze negative possono provenire da molte fonti: l'ambiente circostante, le persone con cui interagisci e i messaggi della società. Queste influenze possono scoraggiare la ricerca del proprio Ikigai, facendoti dubitare delle tue capacità e scelte. È importante imparare a riconoscere queste influenze e a proteggerci da esse. Circondati di persone positive che ti sostengono e ti incoraggiano. Cerca comunità o gruppi di persone con interessi simili, dove puoi trovare ispirazione e supporto reciproco. Impara a filtrare i messaggi negativi della società, concentrandoti su ciò che è veramente importante per te e non su ciò che gli altri pensano che dovresti fare.

Un altro aspetto cruciale è creare un ambiente che favorisca il tuo percorso verso l'Ikigai. Rendi il tuo spazio di vita e di lavoro un luogo che ti ispira e ti motiva. Piccoli cambiamenti, come l'aggiunta di piante, opere d'arte o oggetti che ti ricordano i tuoi obiettivi, possono avere un grande impatto sul tuo stato d'animo e sulla tua produttività.

Quando gli ostacoli esterni sembrano insormontabili, ricorda che ogni piccolo passo avanti è un progresso. Non devi fare tutto in una volta. Anche dedicare pochi minuti al giorno al tuo Ikigai può avere un effetto cumulativo nel tempo. La costanza e la determinazione sono essenziali. Ogni sforzo che fai per superare questi ostacoli ti avvicina un po' di più alla vita che desideri.

Con pianificazione, supporto, determinazione e un ambiente favorevole, puoi trovare modi creativi per superare queste sfide e continuare il tuo viaggio verso una vita piena di significato e realizzazione. Nel prossimo capitolo, esploreremo come trovare l'Ikigai in diverse fasi della vita, adattando il tuo percorso ai cambiamenti e alle nuove sfide che ogni fase porta con sé.

Capitolo 5: Trovare l'Ikigai in diverse fasi della vita

Ikigai nell'infanzia e nell'adolescenza

L'infanzia e l'adolescenza sono periodi cruciali per la scoperta dell'Ikigai, poiché è in queste fasi che si formano le passioni e i talenti che guideranno il futuro di una persona. Guidare i bambini e i giovani in questo percorso richiede sensibilità, pazienza e un ambiente favorevole che promuova l'esplorazione e la crescita personale.

Uno dei compiti più importanti degli adulti è aiutare i giovani a scoprire le proprie passioni e talenti. Questo può essere fatto osservando attentamente ciò che suscita il loro interesse e il loro entusiasmo. Alcuni bambini possono mostrare una propensione naturale per l'arte, altri per lo sport, la scienza o la musica. È essenziale offrire loro opportunità varie e diversificate per esplorare queste inclinazioni. Ad esempio, iscriverli a corsi di arte, musica, sport o scienza può aiutarli a scoprire cosa li appassiona veramente. Ma la scoperta non deve limitarsi alle attività strutturate; anche il gioco libero e non guidato può rivelare talenti nascosti e interessi profondi.

Incoraggiare l'esplorazione e la sperimentazione è un altro elemento chiave. I bambini e gli adolescenti devono sentirsi liberi di provare nuove attività senza la paura del fallimento o del giudizio. Creare un ambiente in cui gli errori sono visti come parte del processo di apprendimento aiuta i giovani a sviluppare una mentalità di crescita. Gli adulti possono sostenere questo atteggiamento mostrando loro come imparare dagli errori e celebrando i piccoli successi lungo il cammino. Incoraggiare la curiosità naturale dei bambini e rispondere alle loro domande con entusiasmo e pazienza può alimentare la loro voglia di esplorare e crescere.

Creare un ambiente familiare e scolastico che supporti la ricerca dell'Ikigai è fondamentale. A casa, i genitori possono promuovere un'atmosfera di apertura e dialogo, dove i bambini si sentano sicuri di esprimere i loro sogni e aspirazioni. È importante che i genitori non proiettino le proprie aspettative sui figli, ma li ascoltino attentamente e li incoraggino a seguire le proprie passioni. Dare loro spazio per esplorare autonomamente e prendere decisioni è cruciale per lo sviluppo dell'autonomia e della fiducia in se stessi.

A scuola, gli insegnanti possono svolgere un ruolo altrettanto importante. Un curriculum che valorizza le diverse intelligenze e stili di apprendimento può aiutare ogni studente a brillare nei propri talenti unici. I programmi scolastici dovrebbero includere non solo materie accademiche tradizionali, ma anche attività artistiche, sportive e pratiche che consentano agli studenti di esplorare vari campi. Inoltre, un ambiente scolastico che promuove la collaborazione anziché la competizione crea una comunità di supporto dove gli studenti possono crescere insieme.

Le attività extracurriculari sono un'ulteriore risorsa per aiutare i giovani a scoprire e coltivare le loro passioni. Club, squadre sportive, gruppi di teatro e altri programmi possono offrire esperienze preziose che arricchiscono la vita degli studenti al di fuori delle aule scolastiche. Queste attività non solo sviluppano competenze specifiche, ma favoriscono anche la socializzazione e il senso di appartenenza a una comunità.

Inoltre, è importante che gli adulti fungano da modelli positivi, mostrando come la passione e la dedizione possano portare a una vita soddisfacente. Condividere le proprie esperienze di successo e di fallimento con i giovani può offrire loro preziose lezioni di vita e ispirarli a perseguire i propri sogni con coraggio e determinazione.

In conclusione, guidare i bambini e gli adolescenti nella scoperta dell'Ikigai richiede un approccio equilibrato che combina supporto, libertà di esplorazione e un ambiente stimolante. Offrire loro opportunità varie, incoraggiare la sperimentazione e creare contesti familiari e scolastici che promuovano la crescita personale sono passi essenziali per aiutarli a trovare la propria ragione di vita. Esamineremo come l'Ikigai si evolve nell'età adulta, affrontando le sfide uniche e le opportunità che questa fase della vita comporta.

Ikigai nell'età adulta

L'età adulta è una fase della vita caratterizzata da molteplici responsabilità e opportunità. La ricerca dell'Ikigai in questo periodo implica affrontare sfide uniche legate alla carriera, al bilanciamento tra lavoro, famiglia e vita personale, e all'adattamento alle mutevoli circostanze e priorità.

Una delle principali sfide dell'Ikigai nell'età adulta è trovare e mantenere un senso di scopo e soddisfazione in diverse fasi della carriera. All'inizio della carriera, è comune sperimentare insicurezze e incertezze riguardo alla propria scelta professionale. È importante essere aperti a esplorare diverse opportunità e ruoli, cercando di capire quale lavoro risuona davvero con le proprie passioni e abilità. Man mano che si acquisisce esperienza, può emergere una maggiore chiarezza su cosa ci rende veramente felici e realizzati.

Nel mezzo della carriera, quando le responsabilità professionali spesso aumentano, può essere difficile mantenere il focus sull'Ikigai. Le pressioni per raggiungere obiettivi, le scadenze e le aspettative possono creare stress e ansia. Tuttavia, è cruciale ricordare che il lavoro non dovrebbe essere solo una fonte di reddito, ma anche di soddisfazione e crescita personale. Cercare modi per allineare le proprie passioni con le responsabilità lavorative può fare una grande differenza. Questo potrebbe significare prendere l'iniziativa su progetti che ti appassionano o cercare ruoli che offrono maggiori opportunità di realizzazione personale.

Trovare un equilibrio tra lavoro, famiglia e vita personale è un'altra sfida significativa nell'età adulta. Spesso, le richieste professionali possono entrare in conflitto con le esigenze familiari e i bisogni personali. È fondamentale stabilire delle priorità chiare e imparare a dire no quando necessario. Delegare compiti sia a casa che al lavoro può aiutare a liberare tempo per le attività che alimentano il tuo Ikigai. Programmare momenti di qualità con la famiglia e dedicare del tempo a te stesso, anche se breve, può contribuire a mantenere l'equilibrio.

L'Ikigai non è statico; evolve con le mutevoli circostanze e priorità della vita. Con il passare del tempo, le situazioni personali e professionali cambiano, così come le nostre aspirazioni e desideri. Adattare l'Ikigai alle nuove circostanze richiede flessibilità e introspezione. Potrebbe essere utile riflettere periodicamente sui tuoi obiettivi e passioni, valutando se le tue attività attuali sono ancora in linea con il tuo scopo di vita. Se necessario, apporta cambiamenti e aggiustamenti per rimanere fedele al tuo Ikigai.

Per esempio, con l'avvento della genitorialità, le priorità possono spostarsi. L'Ikigai può evolvere per includere il ruolo di genitore, trovando gioia e significato nell'educazione e nel supporto dei figli. Allo stesso modo, verso la fine della carriera, l'Ikigai potrebbe orientarsi verso il mentorship, la consulenza o attività che permettano di condividere la propria esperienza e saggezza con le nuove generazioni.

La continua evoluzione dell'Ikigai richiede anche di essere aperti a nuove opportunità e di accettare il cambiamento come parte naturale della vita. Ogni fase dell'età adulta porta con sé nuove esperienze e lezioni che possono arricchire il tuo percorso. Abbracciare il cambiamento con una mentalità positiva e vedere le nuove sfide come opportunità di crescita può rendere il viaggio dell'Ikigai ancora più significativo.

Esploreremo come l'Ikigai può essere vissuto nella terza età, scoprendo nuovi modi per vivere con scopo e significato durante la pensione.

Ikigai nella terza età

La terza età rappresenta un momento unico e prezioso per esplorare nuove dimensioni dell'Ikigai. Con il tempo libero della pensione, si apre un'opportunità straordinaria per scoprire nuovi modi di vivere con scopo e significato, esplorare nuove passioni e interessi, e contribuire alla comunità trasmettendo la propria saggezza alle generazioni future.

Scoprire nuovi modi per vivere con scopo e significato nella pensione inizia con la riflessione su cosa ti ha portato gioia e soddisfazione nel corso della tua vita. Questo può includere hobbies, attività sociali, o impegni che hai sempre desiderato intraprendere ma che non hai mai avuto il tempo di esplorare. La pensione offre l'opportunità di riscoprire queste passioni in modo più approfondito. Ad esempio, se hai sempre amato la musica ma non hai mai avuto il tempo di imparare a suonare uno strumento, questo potrebbe essere il momento perfetto per iniziare lezioni di pianoforte o chitarra. Allo stesso modo, se ti piace la natura, potresti dedicarti al giardinaggio o alle passeggiate in montagna.

Esplorare nuove passioni e interessi è fondamentale per mantenere la mente e lo spirito vivaci. La curiosità non dovrebbe mai avere un'età. Prendi in considerazione corsi e workshop che ti permettono di apprendere qualcosa di nuovo, come la pittura, la fotografia, la cucina internazionale o una nuova lingua. La terza età è un periodo ideale per sperimentare senza la pressione del successo immediato. Ogni nuova competenza che acquisisci non solo arricchisce la tua vita, ma può anche portarti a scoprire talenti nascosti e nuovi cerchi sociali.

Contribuire alla comunità e trasmettere la propria saggezza alle generazioni future è un altro modo significativo di vivere l'Ikigai nella terza età. Le esperienze accumulate nel corso della vita sono un tesoro inestimabile che può avere un impatto duraturo sugli altri. Considera il volontariato in organizzazioni locali, scuole o centri comunitari. Condividere le tue competenze e il tuo tempo può fare una grande differenza nella vita degli altri e può offrirti un senso di scopo rinnovato. Se sei stato un insegnante, ad esempio, potresti offrire lezioni di tutoraggio o supporto educativo. Se hai esperienza in gestione o affari, potresti consigliare giovani imprenditori o start-up.

La terza età è anche il momento perfetto per lasciare un'eredità di saggezza e conoscenza. Scrivere memorie, tenere seminari o parlare pubblicamente delle tue esperienze può ispirare e guidare le generazioni più giovani. Partecipare attivamente a gruppi di discussione o circoli culturali può creare opportunità per scambi intergenerazionali, dove non solo condividi le tue conoscenze, ma impari anche dalle prospettive dei giovani.

Inoltre, prendersi cura del proprio benessere fisico e mentale è cruciale durante la terza età. Continuare a muoversi, mantenere una dieta equilibrata e coltivare relazioni sociali positive contribuiscono a una vita lunga e sana. La pratica della meditazione o dello yoga può aiutare a mantenere la mente calma e concentrata, favorendo un approccio sereno alla vita quotidiana.

Nel prossimo capitolo, esploreremo gli strumenti e le risorse che possono supportare la ricerca dell'Ikigai, fornendo strategie pratiche per mantenere alta la motivazione e superare gli ostacoli lungo il cammino.

Capitolo 6: Strumenti e risorse per la ricerca dell'Ikigai

Esercizi di introspezione e riflessione

Esplorare i propri valori, passioni, talenti e obiettivi è un viaggio interiore che richiede tempo e attenzione. Gli esercizi di introspezione e riflessione sono strumenti preziosi per avvicinarsi alla scoperta del proprio Ikigai. Queste attività guidate non solo aiutano a chiarire chi siamo veramente, ma forniscono anche le basi per una vita piena di significato e scopo.

Un'attività di introspezione utile per esplorare i propri valori è la scrittura di un diario personale. Inizia prendendoti del tempo ogni giorno per riflettere sulle esperienze quotidiane e su ciò che è veramente importante per te. Chiediti: quali momenti mi hanno portato gioia oggi? Cosa mi ha fatto sentire orgoglioso? Cosa mi ha fatto sentire frustrato o infelice? Queste riflessioni possono aiutarti a identificare i valori che guidano le tue azioni e decisioni. Rileggendo le tue annotazioni, potresti notare pattern che ti rivelano i tuoi veri valori, come la famiglia, l'integrità, la creatività o la compassione.

Per esplorare le tue passioni, prova l'esercizio del "flusso di coscienza". Dedica 15-20 minuti a scrivere senza interruzioni tutto ciò che ti viene in mente riguardo alle attività che ami fare. Non preoccuparti della forma o della grammatica; lascia semplicemente fluire i pensieri sulla carta. Questo esercizio può rivelare passioni nascoste o dimenticate, portando alla luce ciò che ti entusiasma veramente.

Riconoscere i propri talenti e punti di forza è essenziale per capire come puoi utilizzare queste qualità nel tuo percorso verso l'Ikigai. Un modo efficace per farlo è chiedere feedback a persone di fiducia. Chiedi ai tuoi amici, familiari o colleghi di descrivere le tue qualità migliori e di condividere esempi specifici in cui hanno visto eccellere i tuoi talenti. Questo feedback esterno può offrirti una prospettiva preziosa su aspetti di te stesso che potresti non aver notato o apprezzato appieno.

Per identificare i punti di forza e di debolezza, puoi anche utilizzare strumenti di autovalutazione, come il test delle 16 personalità o il StrengthsFinder. Questi strumenti ti aiutano a ottenere una comprensione più strutturata delle tue qualità personali. Conoscere i tuoi punti di forza ti permette di concentrarti su ciò che fai meglio, mentre essere consapevole delle tue debolezze ti offre l'opportunità di lavorare su di esse o di trovare modi per mitigarle.

Chiarire la propria visione e missione nella vita richiede tecniche che ti aiutino a mettere a fuoco ciò che desideri veramente. Un esercizio potente è la visualizzazione guidata. Trova un luogo tranquillo, chiudi gli occhi e immagina la tua vita ideale tra cinque o dieci anni. Visualizza dettagliatamente dove ti trovi, cosa stai facendo, con chi sei e come ti senti. Questa pratica ti aiuta a creare un quadro mentale chiaro dei tuoi obiettivi e delle tue aspirazioni. Scrivi ciò che hai visualizzato e usa queste immagini come guida per definire la tua missione personale.

Un'altra tecnica efficace è creare una "vision board". Raccogli immagini, parole e simboli che rappresentano i tuoi sogni e obiettivi, e attaccali su una bacheca o un poster. Questo strumento visivo ti aiuta a mantenere il focus sui tuoi obiettivi quotidiani e a ricordare costantemente il tuo scopo.

Infine, stabilire obiettivi SMART (Specifici, Misurabili, Achievable [raggiungibili], Realistici, e Temporalmente definiti) può aiutarti a tradurre la tua visione in passi concreti. Dividi i tuoi obiettivi a lungo termine in piccoli passi raggiungibili e crea un piano d'azione dettagliato. Questo approccio ti consente di monitorare i tuoi progressi e di fare aggiustamenti lungo il cammino.

Approfondiremo come mantenere un diario di Ikigai per documentare il tuo viaggio e come questo strumento possa offrire ispirazione e motivazione continua.

Diario di Ikigai

Tenere un diario di Ikigai è un modo potente e personale per documentare il tuo viaggio verso la scoperta e la realizzazione del tuo scopo nella vita. Questo strumento non solo ti aiuta a registrare riflessioni, esperienze, scoperte e progressi, ma funge anche da fonte costante di ispirazione e motivazione.

Creare un diario di Ikigai inizia con la scelta di un quaderno o di un'app digitale che ti piace e che sei entusiasta di usare. Dedica alcune pagine iniziali a delineare i tuoi obiettivi e le tue intenzioni per il diario.

Chiediti: perché sto iniziando questo diario? Cosa spero di ottenere? Queste pagine introduttive fungeranno da guida e riferimento durante il tuo percorso.

Utilizzare un diario personale per documentare il tuo viaggio verso l'Ikigai significa dedicare del tempo regolare alla scrittura riflessiva. Ogni giorno, o almeno ogni settimana, prenditi del tempo per annotare i tuoi pensieri, sentimenti e osservazioni. Scrivi delle esperienze che ti hanno portato gioia, delle sfide che hai affrontato e di come hai superato gli ostacoli. Queste riflessioni quotidiane ti aiuteranno a vedere il quadro generale del tuo viaggio e a capire come ogni piccola esperienza contribuisce alla tua crescita personale.

Registrare riflessioni, esperienze, scoperte e progressi nel diario ti consente di tracciare il tuo percorso e di celebrare i tuoi successi. Ogni volta che fai una scoperta su te stesso, come una nuova passione o talento, annotala nel diario. Questo ti aiuta a mantenere un registro delle tue evoluzioni e a riconoscere i modelli che emergono nel tempo. Ad esempio, potresti scoprire che certe attività ti portano una felicità costante, mentre altre ti lasciano insoddisfatto. Queste intuizioni sono fondamentali per capire cosa costituisce il tuo Ikigai.

Un diario di Ikigai può anche includere sezioni specifiche per diversi aspetti della tua vita. Potresti avere una sezione dedicata ai tuoi obiettivi a lungo termine, un'altra per le tue passioni e un'altra ancora per i tuoi talenti. Creare queste sezioni ti aiuta a organizzare i tuoi pensieri e a concentrarti su aree specifiche del tuo sviluppo personale.

Utilizzare il diario come strumento di ispirazione e motivazione è uno degli aspetti più potenti di questa pratica. Rileggere le tue vecchie annotazioni può darti una prospettiva nuova e ricordarti quanto sei cresciuto. Le pagine del diario possono diventare una fonte di incoraggiamento nei momenti di dubbio o difficoltà. Quando ti senti scoraggiato, rileggere i tuoi successi passati e le lezioni apprese può darti la forza di continuare.

Inoltre, il diario può essere arricchito con citazioni ispiratrici, immagini e disegni che ti motivano. Ogni volta che incontri una frase che ti risuona particolarmente o vedi un'immagine che ti ispira, inseriscila nel diario. Questi elementi visivi e testuali possono fungere da promemoria costante del tuo scopo e delle tue aspirazioni.

Un'altra pratica utile è quella di scrivere delle "lettere a te stesso" nel diario. Queste lettere possono essere indirizzate al te stesso del futuro, dove esprimi i tuoi desideri, le tue speranze e i tuoi sogni. Quando le rileggerai, potrai vedere quanto sei cambiato e quanto hai raggiunto nel frattempo. Queste lettere possono essere incredibilmente motivanti e aiutarti a mantenere la rotta verso il tuo Ikigai.

In conclusione, tenere un diario di Ikigai è un metodo straordinario per documentare il tuo viaggio personale verso la scoperta del tuo scopo. Questo strumento ti permette di registrare riflessioni, esperienze, scoperte e progressi, fungendo allo stesso tempo da fonte continua di ispirazione e motivazione. Nel prossimo punto esploreremo come la comunità dell'Ikigai può supportarti nel tuo percorso, offrendo connessioni significative e opportunità di crescita condivisa.

Community di Ikigai

Il viaggio verso la scoperta del proprio Ikigai può essere arricchito e facilitato dalla connessione con una comunità di persone che condividono lo stesso obiettivo. Unirsi a gruppi di supporto, sia online che locali, offre l'opportunità di connettersi con altri individui che sono alla ricerca di una vita significativa, permettendo di scambiare idee, esperienze e consigli preziosi.

Unirsi a gruppi di supporto dedicati all'Ikigai può fare una grande differenza nel tuo percorso. Esistono molte comunità online, forum e gruppi social che si concentrano sulla filosofia dell'Ikigai. Questi spazi virtuali offrono una piattaforma per discutere le tue esperienze, condividere le tue scoperte e ricevere feedback e incoraggiamento. Partecipare a queste comunità online ti permette di entrare in contatto con persone di diverse culture e background, ampliando la tua prospettiva e arricchendo il tuo viaggio personale.

Oltre ai gruppi online, cerca anche opportunità locali per connetterti con altri che sono in cerca del loro Ikigai. Partecipa a workshop, seminari e incontri organizzati da associazioni culturali, scuole di meditazione o centri di benessere. Questi eventi non solo offrono contenuti educativi e ispiratori, ma forniscono anche l'occasione per fare nuove amicizie e costruire una rete di supporto nella tua comunità.

Connettersi con altre persone che condividono un interesse per la ricerca di una vita significativa è estremamente stimolante. Quando sei circondato da individui che stanno percorrendo un cammino simile al tuo, è più facile mantenere alta la motivazione e trovare nuove idee e approcci per superare le sfide. Le storie di successo e le esperienze degli altri possono offrire preziosi spunti di riflessione e nuove prospettive che potresti non aver considerato.

La comunità dell'Ikigai ti offre anche un luogo sicuro dove puoi esprimere le tue preoccupazioni, i tuoi dubbi e le tue paure senza timore di giudizio. Sapere che non sei solo nelle tue incertezze può essere incredibilmente rassicurante e motivante. Inoltre, il supporto emotivo e la comprensione reciproca all'interno di questi gruppi possono aiutarti a mantenere il focus sul tuo percorso e a superare eventuali momenti di difficoltà.

Scambiare idee, esperienze e consigli con altri individui in cerca del proprio Ikigai è un aspetto fondamentale della comunità. Le conversazioni aperte e oneste con persone che condividono i tuoi stessi obiettivi possono portare a scoperte sorprendenti e intuizioni profonde. Potresti scoprire nuovi metodi per esplorare le tue passioni, identificare talenti nascosti o definire meglio la tua missione nella vita. Il confronto con altri ti permette di riflettere su te stesso in modi nuovi e di vedere il tuo percorso sotto una luce diversa.

Partecipare attivamente a una comunità di Ikigai significa anche contribuire con le tue esperienze e conoscenze. Condividere ciò che hai imparato e offrire il tuo supporto agli altri membri della comunità crea un ciclo di crescita reciproca e rafforza i legami all'interno del gruppo. Ogni persona ha qualcosa di unico da offrire, e il contributo di ciascuno arricchisce la collettività.

Connettersi con altre persone che condividono lo stesso interesse, scambiare idee e esperienze e costruire relazioni significative ti aiuta a rimanere motivato e ispirato. La comunità dell'Ikigai è una risorsa inestimabile che rende il percorso verso una vita significativa più ricco e gratificante.

Capitolo 7: L'Ikigai e il mondo che ci circonda

Ikigai e lavoro

Integrare i principi dell'Ikigai nel mondo del lavoro può trasformare radicalmente l'ambiente aziendale, migliorando il benessere e la realizzazione dei dipendenti. Creare un ambiente di lavoro che supporti il benessere, promuovere una cultura aziendale basata sui valori dell'Ikigai e aiutare i dipendenti a trovare un senso di scopo e significato nel proprio lavoro sono passi essenziali per ottenere una forza lavoro motivata e soddisfatta.

Creare un ambiente di lavoro che supporti il benessere e la realizzazione dei dipendenti inizia con l'ascolto e la comprensione delle loro esigenze e aspirazioni. Un leader efficace deve essere empatico e attento ai segnali di stress e insoddisfazione. È importante offrire supporto attraverso programmi di benessere, come sessioni di mindfulness, attività fisiche in azienda e workshop di gestione dello stress. Un ambiente di lavoro che valorizza l'equilibrio tra vita professionale e personale permette ai dipendenti di ricaricare le energie e di essere più produttivi e creativi.

Promuovere una cultura aziendale basata sui valori dell'Ikigai significa incorporare i principi di passione, missione, vocazione e professione in ogni aspetto dell'azienda. Questo può essere fatto creando una visione aziendale che rispecchi questi valori e comunicandola chiaramente a tutti i livelli dell'organizzazione. La leadership deve vivere questi valori, fungendo da esempio per il resto della squadra. Inoltre, incoraggiare la collaborazione e la comunicazione aperta crea un ambiente in cui i dipendenti si sentono valorizzati e rispettati. Una cultura aziendale basata sull'Ikigai favorisce un senso di comunità e appartenenza, dove ogni individuo è incoraggiato a contribuire con le proprie idee e capacità uniche.

Aiutare i dipendenti a trovare un senso di scopo e significato nel proprio lavoro richiede un approccio personalizzato. Ogni persona ha motivazioni e aspirazioni diverse, e riconoscerle è fondamentale. Un modo efficace per farlo è attraverso colloqui individuali regolari, dove i manager possono discutere con i dipendenti dei loro obiettivi personali e professionali.

Questi incontri offrono l'opportunità di identificare le passioni e i talenti dei dipendenti e di allinearli con le esigenze dell'azienda. Offrire opportunità di sviluppo professionale, come corsi di formazione e mentoring, aiuta i dipendenti a crescere e a sentirsi più coinvolti nel loro lavoro.

Inoltre, i progetti e i compiti assegnati dovrebbero essere significativi e stimolanti. I dipendenti devono vedere come il loro lavoro contribuisce alla missione più ampia dell'azienda. Chiarire l'impatto del loro lavoro e riconoscere i loro contributi può aumentare significativamente il loro senso di realizzazione e soddisfazione. Per esempio, se un'azienda si dedica alla sostenibilità ambientale, rendere i dipendenti consapevoli di come il loro lavoro quotidiano contribuisce a questo obiettivo può motivarli e farli sentire parte di qualcosa di più grande.

Un altro modo per aiutare i dipendenti a trovare significato nel proprio lavoro è incoraggiare l'innovazione e la creatività. Dare spazio alle persone per esplorare nuove idee e approcci non solo stimola il pensiero innovativo, ma permette anche ai dipendenti di sentirsi parte integrante del processo decisionale e di sviluppo aziendale. Questa inclusività rafforza il loro senso di appartenenza e scopo.

Tutti questi elementi non solo migliorano la soddisfazione e la motivazione dei dipendenti, ma portano anche a una maggiore produttività e successo aziendale.

Ikigai e comunità

L'Ikigai non è solo un concetto personale, ma può anche essere una forza trasformativa all'interno delle comunità. Creare comunità supportive e inclusive che favoriscano il benessere e la fioritura degli individui, promuovere attività e iniziative che incoraggiano la ricerca dell'Ikigai e costruire una società che valorizzi il significato e la realizzazione personale sono obiettivi che possono portare a un mondo più armonioso e soddisfacente per tutti.

Creare comunità supportive e inclusive inizia con l'instaurare un senso di appartenenza e accettazione tra i membri. Questo può essere realizzato attraverso la promozione di valori di rispetto, comprensione e cooperazione. Le comunità devono essere luoghi dove ogni individuo si sente valorizzato e riconosciuto per ciò che è. Organizzare incontri regolari, gruppi di discussione e attività sociali può aiutare a costruire legami forti e a creare un ambiente in cui tutti si sentono parte integrante. La diversità deve essere celebrata, e le differenze devono essere viste come una risorsa che arricchisce la comunità nel suo insieme.

Promuovere attività e iniziative che incoraggiano la ricerca dell'Ikigai all'interno della comunità è essenziale per sostenere la crescita personale di ciascun membro. Questo può includere workshop, corsi e seminari che offrono strumenti e tecniche per esplorare le proprie passioni, talenti e scopi nella vita. Attività come sessioni di meditazione, gruppi di lettura, laboratori di arte e artigianato o incontri di mentorship possono fornire spazi sicuri dove le persone possono esplorare e sviluppare i loro interessi. Inoltre, progetti di volontariato e iniziative sociali possono aiutare i membri della comunità a trovare significato attraverso il servizio agli altri, rafforzando il senso di scopo collettivo.

Costruire una società che valorizzi il significato e la realizzazione personale richiede un cambiamento culturale e istituzionale. Le politiche pubbliche devono supportare l'educazione continua e l'apprendimento per tutta la vita, offrendo opportunità per lo sviluppo personale e professionale a tutte le età. Le scuole devono integrare l'educazione all'Ikigai nei loro curricula, insegnando ai giovani l'importanza di perseguire le proprie passioni e di contribuire positivamente alla società. Le aziende e le organizzazioni devono adottare pratiche che valorizzino il benessere dei dipendenti e che promuovano un ambiente di lavoro inclusivo e motivante.

Le comunità possono anche incoraggiare la collaborazione tra diversi settori per creare iniziative che promuovano la realizzazione personale e collettiva. Ad esempio, partnership tra scuole, aziende e organizzazioni non profit possono offrire programmi di mentorship e stage che aiutino i giovani a esplorare diverse carriere e a sviluppare le loro competenze. Festival culturali, fiere dell'arte e eventi comunitari possono offrire piattaforme per esprimere creatività e talento, ispirando gli altri a trovare e seguire il proprio Ikigai.

Un altro aspetto importante è il supporto emotivo e psicologico. Le comunità devono fornire risorse per la salute mentale e il benessere, creando spazi dove le persone possano parlare delle loro esperienze e ricevere l'aiuto di cui hanno bisogno. I gruppi di supporto e le linee di assistenza possono fare una grande differenza per chi si trova ad affrontare momenti difficili, aiutando a costruire una rete di sicurezza che sostiene la crescita e la realizzazione personale.

Creare comunità supportive e inclusive, promuovere attività che incoraggiano la ricerca dell'Ikigai e costruire una società che valorizzi il significato e la realizzazione personale sono passi fondamentali verso un mondo più armonioso e soddisfacente. Questi sforzi collettivi non solo migliorano la qualità della vita di ogni individuo, ma rafforzano anche il tessuto sociale, creando una comunità resiliente e prospera.

Ikigai e pianeta

L'Ikigai non si limita alla scoperta di uno scopo personale e professionale, ma si estende anche al rapporto che abbiamo con il nostro pianeta. Vivere in armonia con la natura, adottare uno stile di vita sostenibile e contribuire alla protezione dell'ambiente possono arricchire profondamente il nostro senso di scopo e significato. Quando ci impegniamo a prenderci cura del pianeta, troviamo un nuovo livello di realizzazione che trascende il nostro benessere individuale e abbraccia il benessere collettivo.

Vivere in armonia con la natura e adottare uno stile di vita sostenibile inizia con scelte quotidiane consapevoli. Questo può significare ridurre il consumo di plastica, riciclare, utilizzare energie rinnovabili e preferire prodotti locali e biologici. Piccoli gesti, come spegnere le luci quando non servono, usare mezzi di trasporto ecologici e ridurre lo spreco alimentare, possono avere un grande impatto se adottati su larga scala. Imparare a vivere con meno, valorizzando la qualità piuttosto che la quantità, ci permette di ridurre la nostra impronta ecologica e di contribuire a un futuro più sostenibile.

Contribuire alla protezione dell'ambiente e alla lotta al cambiamento climatico è un altro modo potente per vivere secondo i principi dell'Ikigai. Partecipare a iniziative di pulizia ambientale, piantare alberi, sostenere politiche ecologiche e unirsi a organizzazioni ambientaliste sono tutte azioni che aiutano a preservare il nostro pianeta per le generazioni future. L'educazione è fondamentale: informarsi e informare gli altri sui problemi ambientali e sulle soluzioni possibili è un passo cruciale per creare un movimento globale verso la sostenibilità. Ogni azione, per quanto piccola, contribuisce a un cambiamento positivo e duraturo.

Trovare un senso di scopo e significato nel prendersi cura del pianeta può trasformare il modo in cui vediamo la nostra vita e il nostro ruolo nel mondo. Quando ci sentiamo connessi alla natura, comprendiamo meglio il nostro posto all'interno di un sistema più grande e interconnesso. Questa consapevolezza può portarci a vivere in modo più rispettoso e responsabile. Il contatto con la natura, attraverso attività come il giardinaggio, le escursioni o semplicemente trascorrere del tempo all'aperto, può avere effetti benefici sulla nostra salute mentale e fisica, riducendo lo stress e aumentando il senso di benessere.

L'Ikigai, in relazione al pianeta, ci invita a riflettere su come le nostre azioni quotidiane influenzano l'ambiente e a trovare modi per armonizzare il nostro stile di vita con i ritmi naturali. Questo può anche portare a scoprire nuove passioni e vocazioni legate alla sostenibilità, come l'agricoltura biologica, l'architettura ecologica o la conservazione della fauna selvatica. Molte persone trovano un profondo senso di realizzazione dedicando la propria vita e carriera a cause ambientali, contribuendo a creare un mondo migliore per tutti.

Inoltre, il prendersi cura del pianeta può creare opportunità per costruire e rafforzare le comunità. Le iniziative ecologiche spesso richiedono la collaborazione tra individui, organizzazioni e governi. Questo spirito di cooperazione può unire le persone, creando legami più forti e un senso di solidarietà. Quando lavoriamo insieme per un obiettivo comune, come la protezione dell'ambiente, rafforziamo anche il nostro senso di appartenenza e connessione con gli altri.

Abbracciare questi principi ci permette di vivere in modo più consapevole e significativo, facendo la differenza nel mondo che ci circonda.

Nel prossimo capitolo, esploreremo storie di ispirazione dall'Ikigai, mostrando come persone in diversi campi hanno trovato il loro scopo e trasformato le loro vite in positivo.

Capitolo 8: Storie di ispirazione dall'Ikigai

Esempi di persone che hanno trovato il proprio Ikigai in diversi campi

La ricerca dell'Ikigai è un viaggio unico per ciascuno di noi, ma le storie di coloro che hanno trovato il loro scopo possono essere una fonte di ispirazione e motivazione. Esploriamo alcuni esempi di persone che hanno scoperto il loro Ikigai in vari campi, tra cui scienza e tecnologia, arte e cultura, sport e attività fisica, imprenditoria e business, educazione e istruzione, e servizio pubblico e volontariato.

Nel campo della scienza e della tecnologia, un esempio ispiratore è quello di Elon Musk. Fondatore di aziende innovative come Tesla e SpaceX, Musk ha dedicato la sua vita a rivoluzionare l'industria automobilistica e spaziale. La sua passione per l'innovazione tecnologica e la sua missione di rendere l'umanità una specie multiplanetaria incarnano perfettamente l'Ikigai. Musk ha combinato le sue competenze ingegneristiche, il suo desiderio di risolvere problemi globali e la sua visione per il futuro per creare un impatto significativo sul mondo.

Nell'arte e cultura, Frida Kahlo rappresenta un esempio eccezionale di qualcuno che ha trovato il proprio Ikigai attraverso l'espressione artistica. Nonostante le sue sfide personali e fisiche, Kahlo ha trasformato il dolore e la sofferenza in opere d'arte potenti e simboliche. La sua pittura non solo riflette la sua esperienza personale, ma anche temi universali di identità, postcolonialismo e resilienza. Il suo lavoro continua a ispirare e toccare il cuore delle persone in tutto il mondo, dimostrando come l'arte possa essere un veicolo di trasformazione e significato.

Nel mondo dello sport e dell'attività fisica, Michael Jordan è un esempio perfetto di qualcuno che ha trovato il proprio Ikigai. Considerato uno dei più grandi giocatori di basket di tutti i tempi, Jordan ha dedicato la sua vita allo sport, sviluppando abilità straordinarie e una determinazione incrollabile. Il suo impegno e passione per il basket non solo gli hanno portato successo personale, ma hanno anche ispirato milioni di persone a perseguire i propri sogni con dedizione e perseveranza. La sua carriera e il suo impatto fuori dal campo, attraverso il lavoro filantropico e l'imprenditoria, riflettono un profondo senso di scopo e realizzazione.

Nel campo dell'imprenditoria e del business, Richard Branson è un esempio di come l'Ikigai possa guidare il successo. Fondatore del gruppo Virgin, Branson ha sempre seguito le sue passioni e curiosità, lanciandosi in avventure imprenditoriali audaci e innovative. La sua filosofia di mettere le persone e la passione al centro del business ha creato un impero diversificato e di successo. Branson è noto per la sua attitudine positiva e la volontà di sfidare lo status quo, dimostrando che il business può essere una forza per il bene.

Nell'educazione e istruzione, Maria Montessori ha rivoluzionato il modo in cui vediamo l'apprendimento e lo sviluppo dei bambini. Fondatrice del metodo Montessori, ha dedicato la sua vita a creare un ambiente educativo che promuove l'autonomia, la creatività e la curiosità naturale dei bambini. Il suo approccio ha trasformato l'educazione in tutto il mondo, influenzando milioni di studenti e insegnanti. La passione di Montessori per l'educazione e il suo impegno nel migliorare il sistema scolastico riflettono un profondo Ikigai.

Infine, nel servizio pubblico e volontariato, la storia di Malala Yousafzai è straordinariamente ispiratrice. Malala ha rischiato la sua vita per difendere il diritto delle ragazze all'istruzione in Pakistan. Nonostante un attacco quasi fatale, ha continuato a lottare per l'uguaglianza e l'accesso all'istruzione per tutte le ragazze del mondo. Il suo coraggio, la sua determinazione e il suo impegno per una causa più grande di se stessa incarnano l'essenza dell'Ikigai. Il suo lavoro ha avuto un impatto globale, ispirando innumerevoli persone a sostenere i diritti umani e l'istruzione.

Questi esempi dimostrano che l'Ikigai può essere trovato in vari campi e che il percorso di ognuno è unico. Che si tratti di scienza e tecnologia, arte e cultura, sport e attività fisica, imprenditoria e business, educazione e istruzione, o servizio pubblico e volontariato, la chiave è trovare ciò che ti appassiona, utilizzare i tuoi talenti per fare la differenza e vivere una vita piena di significato e scopo. Scopriremo storie di persone che hanno superato ostacoli e sfide per trovare il proprio Ikigai, dimostrando che la perseveranza e la resilienza sono fondamentali in questo viaggio.

Storie di persone che hanno superato ostacoli e sfide per trovare il proprio Ikigai

Il percorso verso la scoperta del proprio Ikigai è raramente lineare e spesso costellato di ostacoli e sfide. Tuttavia, è proprio attraverso queste difficoltà che molte persone trovano il loro scopo più profondo. Le storie di coloro che hanno superato cambiamenti di carriera, malattie e disabilità, perdita del lavoro e problemi familiari dimostrano che la resilienza e la determinazione possono condurre a una vita piena di significato e realizzazione.

Un esempio significativo di cambiamento di carriera è la storia di Julia Child. Prima di diventare una chef famosa e pioniera della cucina francese in America, Child lavorava per l'Office of Strategic Services durante la Seconda Guerra Mondiale. È stato solo nei suoi trent'anni, quando si è trasferita in Francia con il marito, che ha scoperto la sua passione per la cucina. Nonostante iniziali difficoltà e numerosi rifiuti editoriali, ha perseverato, trasformando la sua passione in una carriera di successo che ha ispirato milioni di persone a cucinare con gioia e creatività.

La storia di Stephen Hawking è un esempio ispiratore di come si possa trovare il proprio Ikigai nonostante malattie e disabilità. Diagnosi di una malattia del motoneurone (SLA) all'età di 21 anni, gli fu detto che aveva pochi anni di vita. Tuttavia, Hawking non si è lasciato abbattere dalla sua condizione. Ha continuato i suoi studi di fisica, diventando uno dei più influenti scienziati del nostro tempo. La sua ricerca sui buchi neri e la relatività ha rivoluzionato la nostra comprensione dell'universo. La sua vita dimostra che la passione e la mente possono superare le limitazioni fisiche, portando a scoperte e realizzazioni straordinarie.

La perdita del lavoro può essere devastante, ma per J.K. Rowling, è stato un catalizzatore per trovare il proprio Ikigai. Prima di diventare l'autrice di Harry Potter, Rowling era una madre single che viveva di sussidi statali. Dopo essere stata licenziata dal suo lavoro, ha deciso di dedicarsi completamente alla scrittura. Nonostante numerosi rifiuti da parte delle case editrici, ha perseverato e ha creato una delle serie di libri più amate di tutti i tempi. La sua storia è un potente esempio di come una situazione apparentemente disperata possa trasformarsi in un'opportunità per scoprire e seguire la propria passione.

I problemi familiari e le relazioni difficili possono essere ostacoli significativi nel trovare il proprio Ikigai. Oprah Winfrey ha affrontato un'infanzia difficile, segnata da abusi e povertà. Nonostante queste sfide, ha trovato il suo Ikigai attraverso la comunicazione e l'empatia. Diventata una delle presentatrici televisive più influenti del mondo, Winfrey ha utilizzato la sua piattaforma per ispirare e aiutare milioni di persone. La sua capacità di trasformare il dolore in potere e di utilizzare le sue esperienze per promuovere il cambiamento sociale è una testimonianza del potere della resilienza.

Queste storie dimostrano che le difficoltà e gli ostacoli possono essere trasformati in trampolini di lancio verso la scoperta del proprio Ikigai. Che si tratti di cambiamenti di carriera, malattie, perdita del lavoro o problemi familiari, la chiave è la perseveranza e la capacità di vedere le sfide come opportunità di crescita e scoperta. Ogni esperienza, per quanto difficile, può avvicinarti di più al tuo vero scopo e alla realizzazione personale. Vedremo come le testimonianze di come l'Ikigai ha trasformato la vita di queste persone, portando maggiore felicità, motivazione, resilienza e relazioni più profonde e significative. Queste storie non solo ispirano, ma mostrano anche che la ricerca dell'Ikigai è un viaggio che vale la pena intraprendere, indipendentemente dagli ostacoli che possiamo incontrare lungo il cammino.

Testimonianze di come l'Ikigai ha trasformato la vita di queste persone

Le testimonianze di persone che hanno trovato il proprio Ikigai rivelano come questa scoperta possa trasformare profondamente la loro vita. I benefici vanno dalla maggiore felicità e benessere all'aumento della motivazione e della resilienza, fino a relazioni più profonde e significative e un contributo positivo al mondo. Queste storie sono un potente promemoria del potenziale trasformativo dell'Ikigai.

Una delle testimonianze più emblematiche di come l'Ikigai possa portare maggiore felicità e benessere è quella di Steve Jobs. Il co-fondatore di Apple ha sempre parlato dell'importanza di seguire le proprie passioni. Jobs ha trovato il suo Ikigai nell'innovazione tecnologica e nel design, creando prodotti che hanno rivoluzionato il modo in cui viviamo e lavoriamo. Ha spesso affermato che il lavoro è stata la sua vera passione, una fonte inesauribile di gioia e soddisfazione. La sua dedizione e il suo amore per ciò che faceva non solo gli hanno portato successo, ma anche un profondo senso di realizzazione personale.

L'aumento della motivazione e della resilienza è evidente nella storia di Bethany Hamilton. Dopo aver perso un braccio in un attacco di squalo a soli 13 anni, Hamilton ha dimostrato una straordinaria resilienza e determinazione. Ha trovato il suo Ikigai nel surf, continuando a competere a livello professionale nonostante le difficoltà fisiche. La sua storia di coraggio e perseveranza ha ispirato milioni di persone in tutto il mondo. Hamilton ha trasformato la sua sfida in una fonte di forza, motivazione e ispirazione, dimostrando che il vero Ikigai può farci superare anche gli ostacoli più grandi.

Relazioni più profonde e significative sono un altro risultato di vivere secondo l'Ikigai. Jane Goodall, la famosa primatologa e antropologa, ha dedicato la sua vita allo studio e alla conservazione degli scimpanzé. Il suo lavoro non solo le ha permesso di sviluppare una profonda connessione con questi animali, ma anche di costruire relazioni significative con comunità locali e sostenitori globali. Goodall ha sempre sottolineato l'importanza di lavorare insieme per un obiettivo comune, creando legami forti e duraturi. La sua passione per la conservazione e la sua empatia hanno portato a relazioni ricche e piene di significato, che hanno sostenuto e amplificato il suo lavoro.

Infine, il contributo positivo al mondo è una delle trasformazioni più potenti che l'Ikigai può portare. Un esempio straordinario è quello di Wangari Maathai, la prima donna africana a ricevere il Premio Nobel per la Pace. Maathai ha trovato il suo Ikigai nella protezione dell'ambiente e nell'emancipazione delle donne in Kenya. Fondatrice del movimento Green Belt, ha contribuito a piantare milioni di alberi, migliorando l'ecosistema e creando opportunità economiche per le donne locali. Il suo lavoro ha avuto un impatto duraturo non solo sull'ambiente, ma anche sulla società, promuovendo la giustizia sociale e l'uguaglianza. La sua dedizione e il suo impegno dimostrano come trovare il proprio Ikigai possa portare a cambiamenti significativi e positivi nel mondo.

Queste testimonianze mostrano chiaramente che l'Ikigai può trasformare profondamente la vita di una persona, portando maggiore felicità e benessere, aumentando la motivazione e la resilienza, arricchendo le relazioni e contribuendo positivamente al mondo. Trovare il proprio Ikigai non è solo una questione di autorealizzazione, ma può anche avere un impatto positivo e duraturo su chi ci circonda e sull'ambiente.

Queste storie ispiratrici dimostrano che, nonostante le sfide e le difficoltà, la ricerca del proprio Ikigai vale ogni sforzo. Ogni individuo ha il potenziale per scoprire e vivere il proprio scopo, trasformando non solo la propria vita, ma anche quella degli altri in modi significativi e profondi. Nel prossimo capitolo, esploreremo come iniziare il proprio viaggio verso l'Ikigai, offrendo strumenti pratici e consigli per intraprendere questa avventura di scoperta personale.

Capitolo 9: La tua Ikigai Journey

Creare un piano d'azione per la tua ricerca dell'Ikigai

Intraprendere il viaggio verso la scoperta del proprio Ikigai richiede un piano d'azione ben definito. Questo piano non solo fornisce una struttura chiara per il tuo percorso, ma ti aiuta anche a mantenere la motivazione e a monitorare i tuoi progressi. Definire obiettivi chiari e specifici, identificare risorse e strumenti di supporto, stabilire un calendario e delle scadenze, e celebrare i progressi mentre impari dai fallimenti sono tutti passi fondamentali per raggiungere il tuo Ikigai.

Il primo passo per creare un piano d'azione efficace è definire obiettivi chiari e specifici. Prenditi del tempo per riflettere su cosa vuoi veramente raggiungere. Quali sono le tue passioni? Cosa ti fa sentire vivo e realizzato? Identifica obiettivi che risuonano profondamente con te, che siano tangibili e misurabili. Ad esempio, se la tua passione è la scrittura, un obiettivo chiaro potrebbe essere quello di completare un manoscritto entro un anno. Se il tuo scopo è aiutare gli altri, potresti fissare l'obiettivo di fare volontariato per un certo numero di ore al mese.

Una volta definiti i tuoi obiettivi, è essenziale identificare le risorse e gli strumenti di supporto che ti aiuteranno nel tuo viaggio. Questo può includere libri, corsi, workshop, mentor o comunità di supporto. Cerca le risorse che possono fornirti le conoscenze e le competenze necessarie per raggiungere i tuoi obiettivi. Ad esempio, se desideri imparare una nuova lingua, puoi iscriverti a un corso online o cercare un tutor. Se vuoi avviare un progetto imprenditoriale, trova mentor o reti di supporto che possano guidarti e consigliarti.

Stabilire un calendario e delle scadenze è cruciale per mantenere il focus e la disciplina. Dividi i tuoi obiettivi in piccoli passi gestibili e crea un piano di azione dettagliato. Stabilisci scadenze realistiche per ogni fase del tuo percorso e monitora i tuoi progressi regolarmente. Questo ti aiuterà a rimanere sulla buona strada e a mantenere la motivazione alta. Usa strumenti come agende, app di produttività o planner per organizzare le tue attività e assicurarti di rispettare le scadenze.

Celebrare i progressi e imparare dai fallimenti è un aspetto fondamentale del tuo viaggio verso l'Ikigai. Ogni piccolo successo lungo il percorso merita di essere riconosciuto e celebrato. Questo non solo ti darà un senso di realizzazione, ma ti motiverà a continuare. Allo stesso tempo, è importante vedere i fallimenti come opportunità di apprendimento piuttosto che come battute d'arresto. Quando incontri difficoltà o commetti errori, prenditi del tempo per riflettere su cosa è andato storto e come puoi migliorare. Questo atteggiamento di crescita ti permetterà di diventare più resiliente e di avvicinarti sempre di più al tuo Ikigai.

Immagina di aver fissato l'obiettivo di migliorare le tue capacità di leadership. Potresti iniziare identificando risorse come libri di leadership, corsi online o workshop. Successivamente, stabilisci un calendario per completare queste risorse e pratica ciò che hai imparato attraverso attività concrete come guidare un progetto al lavoro o fare volontariato in un ruolo di leadership. Man mano che raggiungi piccoli traguardi, come completare un corso o ricevere feedback positivo su un progetto, prenditi del tempo per celebrare questi successi. E se incontri ostacoli, usa queste esperienze per riflettere e adattare il tuo approccio.

Ogni passo che fai ti avvicina di più a una vita piena di significato e realizzazione, dimostrando che il tuo Ikigai non è solo un sogno, ma una realtà raggiungibile.

Affrontare le sfide e gli ostacoli lungo il percorso

Nel viaggio verso la scoperta del tuo Ikigai, inevitabilmente incontrerai sfide e ostacoli. Gestire i dubbi e le paure, superare la procrastinazione e la mancanza di motivazione, e rimanere flessibili e adattivi di fronte ai cambiamenti sono competenze cruciali per continuare il tuo cammino con determinazione e fiducia.

Gestire i dubbi e le paure è una parte essenziale del tuo percorso. È naturale sentirsi insicuri o spaventati quando si intraprende un viaggio verso l'ignoto. Tuttavia, è importante ricordare che i dubbi e le paure non devono fermarti. Quando ti senti sopraffatto dai dubbi, prendi un momento per riflettere su ciò che ti ha portato a iniziare questo viaggio. Ricorda le tue passioni e i tuoi obiettivi. Parla con persone di fiducia, condividi i tuoi timori e ascolta i loro consigli. Spesso, esprimere le proprie paure può ridurre la loro intensità e aiutarti a vedere le cose da una prospettiva diversa. Visualizza i tuoi successi passati e immagina i futuri traguardi che raggiungerai. Questo esercizio può rafforzare la tua fiducia e ridurre l'ansia.

Superare la procrastinazione e la mancanza di motivazione richiede un approccio strategico e disciplinato. La procrastinazione può derivare dalla paura del fallimento o dalla sensazione di essere sopraffatti. Per combatterla, suddividi i tuoi obiettivi in piccoli compiti gestibili. Ogni giorno, dedica un po' di tempo a lavorare su questi compiti, anche se solo per pochi minuti. Creare una routine quotidiana può aiutarti a mantenere la concentrazione e a fare progressi costanti. Inoltre, cerca di identificare le cause della tua mancanza di motivazione. Forse hai bisogno di cambiare il tuo ambiente di lavoro, cercare nuove fonti di ispirazione o fare una pausa per ricaricare le energie. Ricorda che la motivazione non è sempre costante, e va bene avere momenti di bassa energia. La chiave è non lasciarsi scoraggiare e continuare a fare piccoli passi avanti.

Rimanere flessibili e adattivi di fronte ai cambiamenti è fondamentale nel tuo viaggio verso l'Ikigai. La vita è imprevedibile, e spesso le circostanze possono cambiare inaspettatamente. Impara a vedere il cambiamento non come una minaccia, ma come un'opportunità di crescita. Quando ti trovi di fronte a un cambiamento, prendi un momento per valutare la situazione e adattare il tuo piano di conseguenza. Potrebbe essere necessario rivedere i tuoi obiettivi, trovare nuove risorse o modificare la tua strategia. La flessibilità ti permette di affrontare le sfide con una mente aperta e di trovare soluzioni creative ai problemi. Abbracciare il cambiamento con positività ti aiuterà a rimanere resiliente e motivato.

Per esempio, immagina di aver pianificato di completare un corso di formazione entro un certo periodo, ma improvvisamente sorgono nuove responsabilità lavorative che richiedono la tua attenzione. Invece di sentirti frustrato, valuta come puoi riorganizzare il tuo tempo. Forse puoi dedicare meno ore al corso ogni settimana, ma continuare a fare progressi costanti. Oppure puoi trovare un modo per integrare l'apprendimento nelle tue nuove responsabilità lavorative. Essere adattivo significa trovare il giusto equilibrio tra perseguire i tuoi obiettivi e rispondere alle esigenze del momento.

Affrontare le sfide e gli ostacoli lungo il percorso verso il tuo Ikigai richiede coraggio, disciplina e flessibilità.

Gestire i dubbi e le paure, superare la procrastinazione e la mancanza di motivazione, e rimanere adattivi di fronte ai cambiamenti ti permetterà di navigare il tuo viaggio con successo. Ricorda che ogni ostacolo è un'opportunità di crescita e che la perseveranza e la resilienza ti porteranno sempre più vicino al tuo scopo.

Mantenere la motivazione e l'ispirazione

Mantenere alta la motivazione e l'ispirazione è essenziale nel tuo viaggio verso la scoperta del tuo Ikigai. Per farlo, è utile circondarsi di persone positive e di supporto, leggere libri e articoli sull'Ikigai, partecipare a workshop e seminari, e praticare la gratitudine concentrandosi sugli aspetti positivi del viaggio. Questi strumenti possono aiutarti a rimanere focalizzato e appassionato, anche nei momenti di difficoltà.

Circondarsi di persone positive e di supporto è uno dei modi più efficaci per mantenere alta la motivazione. Le persone che ti circondano hanno un grande impatto sul tuo stato d'animo e sulla tua determinazione. Cerca di costruire una rete di amici, familiari e colleghi che credono in te e nei tuoi obiettivi. Condividi con loro i tuoi progressi e le tue sfide, e lasciati ispirare dalle loro esperienze e dai loro consigli. Partecipare a gruppi di supporto o comunità online dedicate all'Ikigai può offrirti ulteriore incoraggiamento e senso di appartenenza.

Leggere libri e articoli sull'Ikigai è un'altra strategia potente per mantenere viva l'ispirazione. La letteratura sull'Ikigai è ricca di storie di persone che hanno trovato il loro scopo e suggerimenti pratici su come farlo. Queste letture possono fornirti nuove prospettive e idee, aiutandoti a vedere il tuo percorso sotto una luce diversa. Inoltre, leggere regolarmente su questo argomento può rinfrescare la tua motivazione e ricordarti perché hai iniziato questo viaggio.

Partecipare a workshop e seminari offre l'opportunità di immergerti in ambienti stimolanti e di apprendimento. Questi eventi ti permettono di interagire con esperti e appassionati dell'Ikigai, arricchendo le tue conoscenze e competenze. La partecipazione attiva a workshop e seminari può anche aprire nuove porte e connessioni, offrendoti strumenti pratici e ispirazione per continuare il tuo viaggio. Cerca eventi nella tua area o online e considera di partecipare regolarmente per mantenere alta la tua motivazione.

Praticare la gratitudine è fondamentale per concentrarsi sugli aspetti positivi del viaggio. La gratitudine ti aiuta a vedere il lato luminoso delle situazioni, anche quando incontri ostacoli. Prendi l'abitudine di scrivere ogni giorno alcune cose per cui sei grato. Possono essere piccoli successi, momenti di gioia o lezioni apprese. La pratica della gratitudine ti aiuta a mantenere una mentalità positiva e a ricordare che ogni passo avanti, per quanto piccolo, è un progresso verso il tuo Ikigai.

Immagina di svegliarti ogni mattina con una breve sessione di riflessione sulla gratitudine. Annota tre cose per cui sei grato riguardo al tuo viaggio verso l'Ikigai. Questa semplice pratica può trasformare il tuo atteggiamento per tutta la giornata, mantenendoti concentrato sugli aspetti positivi e motivato a continuare.

Integrare questi strumenti nella tua routine quotidiana può fare una grande differenza nel mantenere la motivazione e l'ispirazione. Ad esempio, potresti iniziare la giornata leggendo un capitolo di un libro sull'Ikigai, partecipare a un workshop una volta al mese e dedicare qualche minuto ogni sera a scrivere nel tuo diario di gratitudine. Queste pratiche ti aiutano a rimanere connesso con il tuo scopo e a navigare le sfide con una mentalità positiva e resiliente.

In conclusione, mantenere la motivazione e l'ispirazione nel tuo viaggio verso l'Ikigai richiede un impegno costante e l'uso di vari strumenti di supporto. Circondati di persone positive, leggi libri e articoli stimolanti, partecipa a workshop e seminari, e pratica la gratitudine per concentrarti sugli aspetti positivi del tuo percorso. Questi elementi ti aiuteranno a rimanere focalizzato e appassionato, portandoti sempre più vicino alla scoperta e alla realizzazione del tuo Ikigai.

Capitolo 10: Vivere una vita Ikigai

L'Ikigai come viaggio continuo

L'Ikigai non è una destinazione finale, ma un viaggio di scoperta continua. Questo percorso è caratterizzato da una costante evoluzione e crescita personale. Non si tratta di raggiungere un obiettivo specifico, ma di vivere ogni giorno con consapevolezza e passione, abbracciando ogni nuova esperienza e sfida che la vita presenta.

Il primo passo per comprendere l'Ikigai come viaggio continuo è riconoscere che la scoperta del proprio scopo non è un evento singolare, ma un processo che si sviluppa nel tempo. Le tue passioni, i tuoi talenti e le tue missioni nella vita possono cambiare e crescere mentre tu stesso cambi e cresci. Questo significa che è importante rimanere aperti e flessibili, accogliendo ogni opportunità di apprendimento e sviluppo. Ogni fase della vita porta con sé nuove possibilità e sfide, che possono arricchire la tua comprensione di te stesso e del mondo.

Continuare a imparare, crescere ed evolversi è essenziale per mantenere viva la tua connessione con l'Ikigai. Ogni giorno offre l'opportunità di apprendere qualcosa di nuovo, che si tratti di una nuova competenza, di una lezione di vita o di una nuova prospettiva. Coltivare la curiosità e la volontà di crescere ti aiuta a rimanere dinamico e coinvolto nel tuo percorso. Questo può significare tornare a scuola, imparare un nuovo hobby, leggere libri su argomenti che ti appassionano o semplicemente riflettere sulle tue esperienze quotidiane e su ciò che puoi trarne.

Essere aperti a nuove esperienze e sfide è fondamentale per vivere l'Ikigai come un viaggio continuo. Ogni nuova esperienza, sia essa positiva o negativa, può insegnarti qualcosa di prezioso e aiutarti a crescere. Le sfide, in particolare, sono spesso le occasioni migliori per scoprire la tua resilienza e sviluppare nuove competenze. Invece di evitare o temere le difficoltà, affrontale con una mentalità aperta e positiva. Vedi le sfide come opportunità per imparare di più su te stesso e per espandere le tue capacità.

Ad esempio, potresti trovarti a cambiare carriera a metà della tua vita. Invece di vedere questo come un fallimento o una perdita di tempo, considera come questa nuova direzione può offrirti opportunità per scoprire nuovi talenti e passioni. O forse ti trovi a trasferirti in una nuova città o paese. Questa esperienza può sembrare inizialmente intimidatoria, ma può anche aprirti a una cultura diversa, nuove amicizie e nuove prospettive che arricchiranno la tua vita in modi inaspettati.

La chiave è mantenere una mentalità di crescita. Ogni giorno, chiediti cosa hai imparato di nuovo e come puoi applicare queste lezioni alla tua vita. Sii curioso e sperimenta senza paura di fallire. Ogni errore è un'opportunità per imparare e migliorare. Coltivare questa mentalità ti aiuterà a vedere il tuo percorso verso l'Ikigai non come una serie di ostacoli da superare, ma come un'avventura continua e stimolante.

Abbraccia ogni opportunità di imparare, crescere ed evolverti. Sii aperto a nuove esperienze e sfide, vedendole come opportunità per arricchire la tua vita e avvicinarti sempre di più al tuo vero scopo. Ricorda, l'Ikigai non è una meta da raggiungere, ma un modo di vivere che ti guida verso una vita piena di significato, gioia e realizzazione.

Condividere il proprio Ikigai con il mondo

Quando vivi in armonia con il tuo scopo, non solo arricchisci la tua vita, ma hai anche il potenziale per ispirare e influenzare positivamente gli altri. Condividere il proprio Ikigai può contribuire a creare un mondo più significativo e appagante per tutti, lasciando un'eredità positiva e duratura.

Ispirare gli altri a trovare il proprio Ikigai è uno dei modi più potenti per condividere la tua scoperta. Racconta la tua storia, le sfide che hai affrontato e le lezioni che hai imparato lungo il percorso. Le tue esperienze possono fornire speranza e motivazione a chi si trova ancora in cerca del proprio scopo. Puoi ispirare gli altri attraverso conversazioni quotidiane, blog, conferenze, o persino scrivendo un libro. Quando le persone vedono qualcuno vivere pienamente il proprio Ikigai, si sentono incoraggiate a esplorare le proprie passioni e talenti. La tua autenticità e passione possono diventare un faro di luce per chi sta cercando la propria strada.

Contribuire a creare un mondo più significativo e appagante per tutti è un obiettivo nobile e raggiungibile. Quando vivi secondo il tuo Ikigai, non solo influenzi positivamente chi ti circonda, ma puoi anche contribuire a cause più grandi. Usa i tuoi talenti e la tua passione per fare la differenza nella tua comunità e oltre. Questo può significare dedicare del tempo al volontariato, sostenere iniziative locali, o creare progetti che rispondano ai bisogni della società. Ogni azione che intraprendi, piccola o grande, può contribuire a costruire un mondo dove più persone possano vivere in armonia con il proprio scopo. La somma di questi sforzi individuali può portare a cambiamenti significativi e duraturi.

Lasciare un'eredità positiva e duratura è il culmine di vivere secondo il proprio Ikigai. Pensa a come vuoi essere ricordato e quale impatto desideri avere sul mondo. L'eredità non riguarda solo le grandi imprese, ma anche i piccoli gesti di gentilezza, le relazioni che costruisci e le lezioni che insegni. Investi tempo ed energie nel coltivare relazioni significative, nel trasmettere la tua saggezza e nel supportare gli altri nel loro viaggio. Che si tratti di mentoring, insegnamento, o semplicemente essere un esempio positivo, le tue azioni possono avere un impatto duraturo su chi ti circonda.

Immagina di essere ricordato come qualcuno che ha vissuto con passione, che ha aiutato gli altri a scoprire e seguire i propri sogni, e che ha contribuito a rendere il mondo un posto migliore. Questa è l'eredità di chi vive secondo il proprio Ikigai. Le tue scelte e azioni quotidiane possono creare un effetto a catena, ispirando gli altri a fare lo stesso e costruendo una comunità più forte e più connessa.

Il tuo viaggio verso l'Ikigai non solo arricchisce la tua vita, ma ha il potenziale di illuminare il cammino di molti altri. Abbraccia questa opportunità con cuore aperto e continua a vivere con intenzione e passione, creando un mondo dove ognuno può trovare e vivere il proprio scopo.

CONCLUSIONE

Abbiamo esplorato insieme il meraviglioso viaggio della scoperta dell'Ikigai, un viaggio che non ha una destinazione finale, ma che è un continuo percorso di crescita, scoperta e realizzazione. Abbiamo imparato che l'Ikigai è l'incrocio tra ciò che amiamo fare, ciò in cui siamo bravi, ciò di cui il mondo ha bisogno e ciò per cui possiamo essere pagati. Questo libro ha presentato strategie per identificare i tuoi valori, passioni, talenti e missione, e ha offerto esercizi pratici per mantenere la motivazione e affrontare le sfide.

Trovare il proprio Ikigai non è solo un viaggio individuale, ma un'opportunità per ispirare gli altri, contribuire alla società e lasciare un'eredità positiva. Le storie di persone che hanno superato ostacoli e sfide per trovare il proprio Ikigai dimostrano che la perseveranza e la resilienza sono fondamentali. Ogni piccola azione che intraprendi può portarti più vicino al tuo scopo, e condividere il tuo Ikigai con il mondo può creare un effetto positivo duraturo.

Il messaggio che voglio lasciarti è che ognuno di noi ha il potenziale per vivere una vita piena di significato e gioia. Il tuo Ikigai è unico per te, e il percorso per scoprirlo è un'avventura che vale la pena intraprendere. Non lasciarti scoraggiare dalle difficoltà lungo il cammino; ogni sfida è un'opportunità di crescita. Mantieni viva la tua curiosità, continua a imparare, a esplorare e a evolverti. Sii aperto a nuove esperienze e non avere paura di seguire le tue passioni.

Ti invito a mettere in pratica i consigli di questo libro. Prendi il primo passo oggi stesso: riflettendo sui tuoi valori, esplorando nuove passioni, o semplicemente dedicando qualche minuto alla gratitudine. Ogni piccolo passo è un progresso verso la scoperta del tuo Ikigai.

Per aiutarti ulteriormente nel tuo viaggio, ho incluso un bonus finale: "Il quaderno dell'Ikigai". Questo quaderno è pensato per essere un compagno di viaggio, uno strumento che ti aiuterà a documentare le tue riflessioni, esperienze, scoperte e progressi. Usa il quaderno per annotare i tuoi pensieri quotidiani, per riflettere su ciò che hai imparato e per pianificare i tuoi prossimi passi. La metodologia del quaderno ti guiderà attraverso esercizi di introspezione e ti fornirà uno spazio per tracciare i tuoi obiettivi e celebrare i tuoi successi. È un luogo dove puoi esplorare liberamente le tue idee e trovare ispirazione continua.

Ricorda, l'Ikigai è un viaggio continuo e gratificante. Ogni giorno è un'opportunità per avvicinarti di più al tuo scopo, per vivere con più passione e per contribuire positivamente al mondo. Abbraccia questo viaggio con entusiasmo e coraggio, sapendo che ogni passo ti porta più vicino a una vita piena di significato e gioia.

Buon viaggio verso la scoperta del tuo Ikigai!

BONUS: QUADERNO DELL'IKIGAI

Benvenuto al bonus speciale "Il Quaderno dell'Ikigai," uno strumento pensato per accompagnarti nel tuo viaggio verso la scoperta e la realizzazione del tuo Ikigai. Questo quaderno è progettato per essere un compagno di riflessione, introspezione e ispirazione. Ti aiuterà a tracciare il tuo percorso, a esplorare i tuoi valori e le tue passioni e a monitorare i tuoi progressi. Ecco come puoi utilizzare al meglio ogni sezione del quaderno:

Spazio per riflessioni e appunti

Il cuore del quaderno è dedicato alle tue riflessioni personali. Troverai pagine bianche o a righe dove puoi annotare i tuoi pensieri, idee e scoperte. Usa questo spazio per scrivere di te stesso, dei tuoi sogni e delle tue ambizioni. Prenditi il tempo per riflettere su ciò che hai imparato ogni giorno e su come queste lezioni ti avvicinano al tuo Ikigai. Non c'è un modo giusto o sbagliato per usare queste pagine: lascia che siano un riflesso autentico del tuo viaggio.

Trova il tuo Ikigai

Una delle sezioni più importanti del quaderno è dedicata alla ricerca del tuo Ikigai attraverso la compilazione di uno schema specifico. Questo schema ti guiderà passo dopo passo nell'identificazione di quattro elementi fondamentali: ciò che ami, ciò in cui sei bravo, ciò di cui il mondo ha bisogno e ciò per cui puoi essere pagato. Compilare questo schema ti permetterà di visualizzare chiaramente dove si intersecano questi elementi, aiutandoti a identificare il tuo Ikigai. Prenditi il tempo per riflettere su ogni sezione, rispondi alle domande con sincerità e usa le tue risposte per creare una mappa personale del tuo scopo. Questa mappa sarà una guida preziosa nel tuo viaggio, offrendoti chiarezza e direzione mentre ti avvicini sempre di più alla vita che desideri.

Miglioramento dell'Ikigai

Per tenere traccia dei tuoi miglioramenti e vedere quanto sei cresciuto nel tuo viaggio, il quaderno include una sezione dedicata al miglioramento dell'Ikigai. Questa sezione contiene una tabella che ti permetterà di monitorare i progressi in diverse aree chiave. Potrai annotare i tuoi obiettivi iniziali, i passi che hai compiuto e i risultati raggiunti. Ogni mese, rivedi questa tabella per valutare i tuoi progressi, identificare aree di miglioramento e fissare nuovi obiettivi. Questo strumento ti aiuterà a mantenere il focus e a celebrare ogni passo avanti, piccolo o grande, nel tuo percorso verso il pieno raggiungimento del tuo Ikigai.

Quaderno Ikigai

Diario quotidiano

Data

COME TROVARE IL TUO IKIGAI

COMPITO PER L'IKIGAI

COMPLETA LA TABELLA PER IL MIGLIORAMENTO DEL TUO IKIGAI

DATA	COMPITO	COME HO COMPLETATO IL COMPITO	OBIETTIVO INIZIALE	OBIETTIVO FINALE

Se pensi questo libro ti sia piaciuto e ti abbia aiutato ti chiedo solo di dedicare pochi secondi a lasciare una breve recensione su Amazon!

<u>Grazie</u>

Yuri Akari

www.ingramcontent.com/pod-product-compliance
Lightning Source LLC
Chambersburg PA
CBHW071223260726
48653CB00042B/1791